印刷工业出版分社

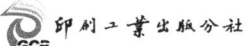

出版物发行理论与VR操作实务

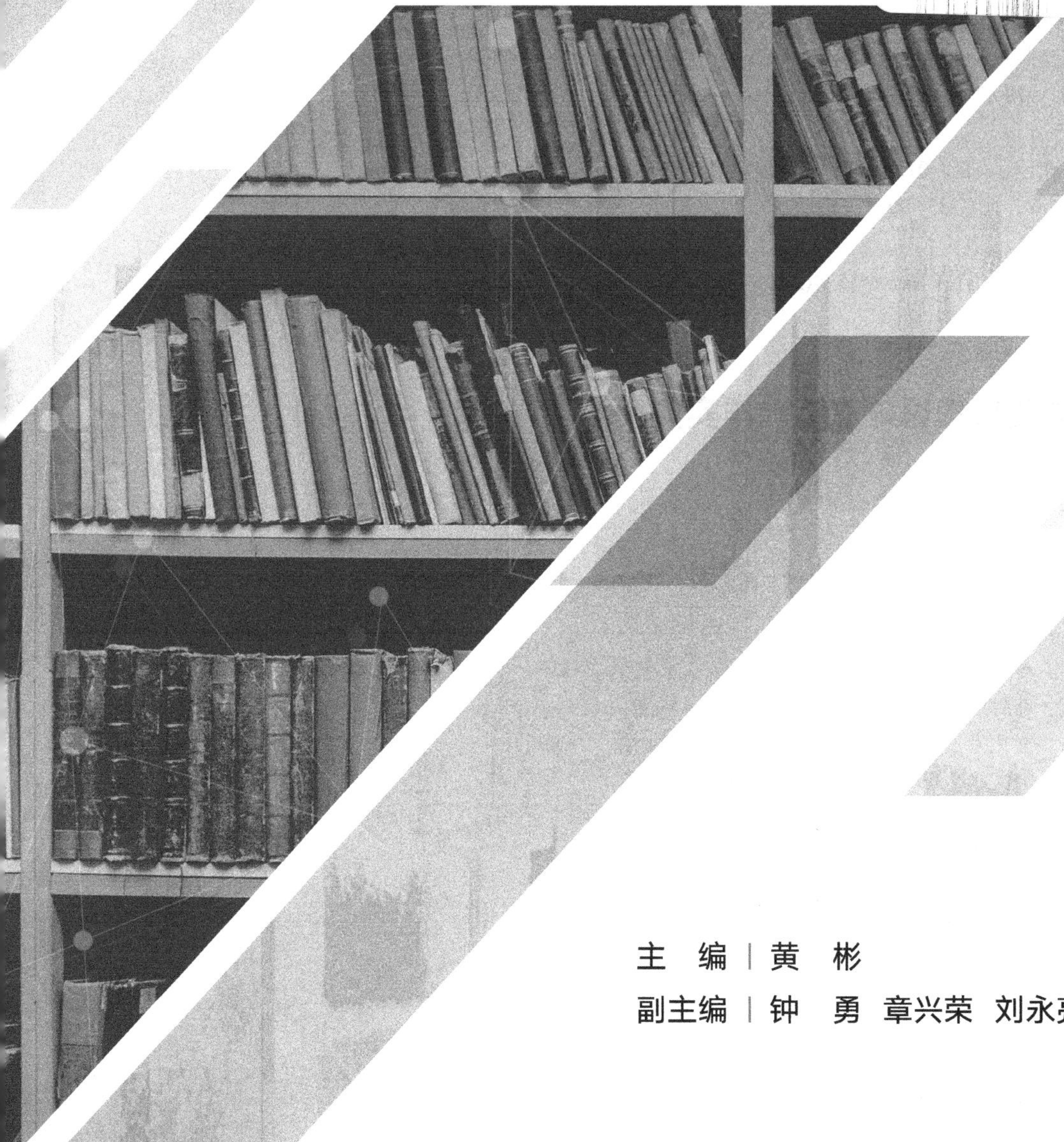

主　编｜黄　彬
副主编｜钟　勇　章兴荣　刘永亮

文化发展出版社
Cultural Development Press
·北京·

内容提要

本书根据出版物发行员岗位技能需求，按照出版物发行员职业技能标准的职业功能划分章节，突出能力目标，以VR实训方式把理论知识转化为工作能力。实训内容有一定的趣味性、多样性和创新性。

本书内容系统全面，实训步骤图文并茂，包含虚拟现实技术概述、发行基础知识、出版物识别、图书分类、消费者接待、出版物推荐、售书连续操作、图书陈列、店堂展陈设计和图书仓储物流等内容。

本书可作为出版物发行员技能培训与等级认定参考用书，也可供全国中高等职业院校相关专业师生参考使用。

图书在版编目（CIP）数据

出版物发行理论与VR操作实务 / 黄彬主编．— 北京：文化发展出版社，2022.6
ISBN 978-7-5142-3748-1

Ⅰ．①出… Ⅱ．①黄… Ⅲ．①虚拟现实－应用－图书－出版发行 Ⅳ．①G235-39

中国版本图书馆CIP数据核字(2022)第076417号

出版物发行理论与 VR 操作实务

主　　编：黄　彬
副 主 编：钟　勇　章兴荣　刘永亮
策　　划：徐　梅
编　　者：刘永亮　裘兴海　王佳敏　章兴荣　赵　锋　王　丹　王　贞

出 版 人：宋　娜
责任编辑：李　毅　管思颖　　　责任校对：岳智勇　马瑶
责任印制：邓辉明　　　　　　　封面设计：向童语
出版发行：文化发展出版社（北京市翠微路2号 邮编：100036）
发行电话：010-88275993　010-88275710
网　　址：www.wenhuafazhan.com
经　　销：全国新华书店
印　　刷：北京捷迅佳彩印刷有限公司
开　　本：787mm×1092mm　1/16
字　　数：268千字
印　　张：13.25
版　　次：2023年5月第1版
印　　次：2023年5月第1次印刷
定　　价：58.00元
ＩＳＢＮ：978-7-5142-3748-1

◆ 如有印装质量问题，请与我社印制部联系　电话：010-88275720

PREFACE 前言

虚拟现实具有场景逼真性、沉浸性、趣味性强等特点，近年来被广泛应用在国内外各个行业，并迅速发展。本书把VR和实训相结合，寓教于乐，让学员学习不再枯燥单一，对提高学员学习质量也会起到很大的促进作用。VR和实训结合有效解决学员以往学习当中更多注重理论学习的片面性问题。在虚拟环境中学员可以直接动手操作，学习更直观，知识点掌握得更快。

为适应职业教育发展的要求，将出版物发行实训和虚拟现实技术相结合，《出版物发行理论与VR操作实务》应运而生。每个章节均包含学习目标、知识要求、技能要求、思考题等板块内容。篇幅简洁，同时安排适量实训插图，帮助学员形象感知，章节后附思考题，以巩固学习成果。

本书具体分工如下：

第一章由刘永亮编写，第二章由裘兴海编写，第三章由王佳敏编写，第四章由章兴荣编写，第五、六、七章由赵锋编写，第八、九章由王丹编写，第十章由王贞编写。

由于虚拟现实技术发展非常迅速，出版物发行职教理念和模式不断更新，编者知识水平有限，所以书中不足和遗漏之处在所难免，恳请广大读者批评与指正。

目 录

第一章　虚拟现实技术概述 ··· 001

第一节　国内外虚拟现实技术的研究现状 ································· 001
第二节　虚拟现实技术的特征及其构成 ···································· 003
第三节　虚拟现实技术的应用及发展趋势 ································· 007

第二章　发行基础知识 ··· 021

第一节　出版知识 ·· 021
第二节　出版物基础知识 ··· 024
第三节　发行基础知识 ··· 031
第四节　网上书店 ·· 035

第三章　出版物识别 ·· 044

第一节　出版物识别范围 ··· 044
第二节　出版物识别的方法 ··· 046
第三节　常见非法出版的类型及案例分析 ··· 049

第四章　图书分类 ……………………………………………………………… 059

第一节　图书分类概述 ……………………………………………………… 059
第二节　中国图书馆图书分类法 …………………………………………… 063
第三节　图书分类的规则和步骤 …………………………………………… 065
第四节　中国标准书号、条形码和图书在版编目数据 …………………… 067
第五节　图书分类与陈列 …………………………………………………… 070

第五章　消费者接待 …………………………………………………………… 080

第一节　服务接待的岗位职责 ……………………………………………… 080
第二节　服务接待基本流程标准 …………………………………………… 083
第三节　服务礼仪 …………………………………………………………… 085
第四节　服务技巧 …………………………………………………………… 088

第六章　出版物推荐 …………………………………………………………… 102

第一节　出版物推荐的定义和意义 ………………………………………… 102
第二节　门店零售的出版物推荐 …………………………………………… 103
第三节　团购客户和网购客户的出版物推荐 ……………………………… 107

第七章　售书连续操作 ………………………………………………………… 115

第一节　门店售书连续操作的定义和发展 ………………………………… 115
第二节　收银岗位的岗位职责和规程 ……………………………………… 117
第三节　门店售书连续操作的流程和要求 ………………………………… 119
第四节　门店团购售书连续操作的特点 …………………………………… 120

| 第五节 | 门店网上售书的特点 | 121 |

第八章　图书陈列　129

第一节	商品陈列基础知识	129
第二节	图书陈列基础知识	132
第三节	常规陈列的种类和方法	134
第四节	重点陈列的种类和方法	143
第五节	图书陈列的误区	153

第九章　店堂展陈设计　160

第一节	店堂的构成和规划	160
第二节	书店该如何营造陈列氛围	163
第三节	书吧	168
第四节	店堂展示案例	170

第十章　图书仓储物流　182

第一节	图书入库	182
第二节	图书出库	184
第三节	图书在库管理	188
第四节	仓储装卸搬运	192

第一章
虚拟现实技术概述

计算机诞生以来就一直是人类处理信息的主要工具,在整个信息处理过程中,计算机发挥着重要的作用,也存在一定的问题,最直接的问题就是在进行数字处理过程中,计算机更多的是对一维信息进行处理。人们在获取知识的过程中并非只有简单的一维数据,还包括感知能力所获取的多维数据。因此传统计算机由于其自身的局限性,不能够对人们所获取的认知和感知的基础数据进行分析和处理。人们在与计算机进行交互交流过程中,并没有与人们自我认知和感知相结合。这就催生了人们对数据处理的工具进行进一步开发,以确保新工具具有能够通过对人们感知和认知所获取的信息进行处理的能力,虚拟现实技术应运而生。此项技术能够通过对人们视觉、听觉、动作和语言等多方面所获取的信息进行综合处理。

虚拟现实是一种可以创建和体验虚拟世界的计算机系统,虚拟现实技术能够处理的数据不同于计算机处理的一维数据,是包含了人们多种感知和认知所获取的基础数据。

第一节 国内外虚拟现实技术的研究现状

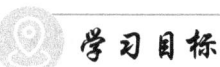
学习目标

- 了解国外虚拟现实技术的研究现状
- 了解国内虚拟现实技术的研究现状

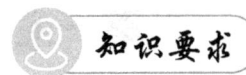

一、国外虚拟现实技术的研究现状

（一）美国研究现状

在世界的诸多国家中，美国开展虚拟现实技术的开发和应用工作整体的时间是最早的，整体的研究能力也是最强的。从事虚拟现实技术研究的大学包括麻省理工学院、斯坦福大学、华盛顿大学、伊州大学芝加哥分校、卡内基梅隆大学等多所著名的大学。这些研究院校对虚拟现实技术的研究主要分为三个方面：新概念的设计、具体关键技术的突破和系统功能的实现。由于美国虚拟现实技术的发展水平相对较高，因此目前也基本可以代表整个世界的最高发展水平。美国在研究虚拟现实技术过程中，主要是聚焦于四大基本方面：感知方面、用户界面、后台软件和后台硬件。

（二）日本研究现状

与美国不同的是，日本在研究虚拟现实技术过程中，更多的是聚焦于实际应用。在研究过程中，日本将重点放在建立大规模的知识数据库上，将虚拟现实技术应用到游戏领域。但是需要指出的是，日本在应用虚拟现实技术时大多数的零件由美国提供。

（三）英国研究现状

英国在虚拟现实技术的研究过程中，更多的是关注具体问题，比如分布并行处理以及设计与应用，且都取得了较为领先的成果。20世纪90年代初期，英国从事虚拟现实技术的研究单位就已经超过了5家。

（四）欧洲与其他国家研究现状

欧洲等一些注重科技发展的国家也对虚拟现实技术进行了深入研究，比如瑞典研究了虚拟交互环境的分布式系统，荷兰则重点对人际交互界面的使用进行了详细研究。德国的相关研究中心通过对虚拟现实技术界面的设计，能够让客户获取更为先进的可视化模拟技术，同时德国也将虚拟现实技术应用到了建筑行业、汽车行业，甚至是医学界等与人们生活息息相关的领域。比如奔驰、宝马等汽车厂商都使用了虚拟现实技术；在制药过程中也通过虚拟现实技术来进行新药的研发；医生也可以通过虚拟现实技术开展人体数字模型相关的实验研究。

二、国内虚拟现实技术的研究现状

我国虚拟现实技术的发展比起西方国家在时间上存在一定的滞后性，在水平上也存在一定的落后。但是需要指出的是，随着相关部门认知程度的不断提高和科学家们的不懈努力，我国虚拟现实技术也得到了快速发展。目前包括政府部门以及科研部门等都将虚拟现实技术作为了重点的研究对象，一些主要高校也将虚拟现实技术作为一门重要的学科和专业进行培养和研究。例如，北京航空航天大学研究了虚拟现实技术中如何将物体物理特性表达得更为全面和真实,对虚拟现实技术中视觉接口方面的多种硬件进行了系统研究。经过北京航空航天大学的研究,该技术可以实现三维动态数据库,以及环境演变和模拟飞行的场景;浙江大学的研究重点是对桌面型模拟建筑环境系统进行了设计,该系统能够提供快速的漫游算法以及更为真实的虚拟环境;哈尔滨工业大学则通过虚拟现实技术成功模拟出关于人的一系列表情动作等;西安交通大学对虚拟现实技术的标准压缩编码进行了研究,以确保虚拟现实技术在运行过程中能够获取更为可靠的压缩比例和压缩速度;北方工业大学研究虚拟现实技术的应用,尤其是和动画技术的相互结合。

目前中国在发展虚拟现实技术的过程中,更多的是对虚拟现实与仿真的软硬件进行系统的开发,整体的设计与制作水平已经达到世界先进行列。现在常用的且比较先进的虚拟现实技术有六大类。第一类为虚拟现实编辑器;第二类为数字城市仿真平台;第三类为物理模拟系统;第四类为三维网络平台;第五类为工业仿真平台;第六类为三维仿真系统开发包。另外在具体的使用过程中,也将虚拟现实技术与环评立体投影进行了完美的融合。在我国的研究中,将虚拟现实技术与人类息息相关的具体生活需求进行了有机的结合,比如虚拟现实技术在 2008 年北京奥运会的多个场景都得到了广泛的应用。

第二节　虚拟现实技术的特征及其构成

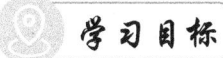

- 了解虚拟现实技术的特征
- 了解虚拟现实技术的构成

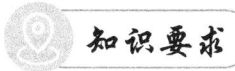

一、虚拟现实技术的特征

布尔代亚(G.Burdea)在《虚拟现实系统和它的应用》一文中,用 3I(Immersion、Interaction、Imagination)来说明虚拟现实的特征,即沉浸、交互、感知,三者缺一不可(图 1-1)。

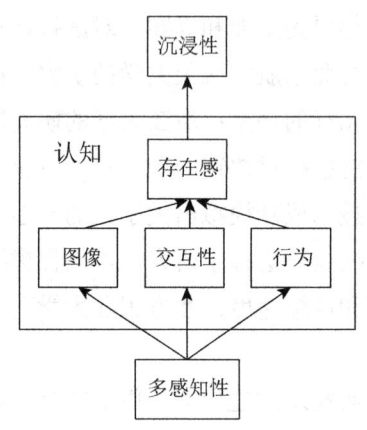

图 1-1　VR 技术 3I 特征

沉浸性（Immersion）主要指的是用户在使用虚拟现实技术过程中，由于虚拟环境的真实性以致用户沉浸于虚拟环境中的程度。在现今的虚拟现实技术中，用户通过特有的硬件设施，比如头盔显示器或者是眼镜手套等多种交互设备，将自己的感知和认知投入虚拟环境中。而使用者通过影响虚拟环境内部的一系列内容进行交流，使得用户仿佛真正地进入具体环境中。用户进入虚拟环境后，整个环境所带给用户的真实性对虚拟现实技术的发展具有重要的意义。

交互性（Interaction）主要指的是用户进入虚拟环境中，对虚拟环境内部的内容能够开展交流和操作的程度。当用户进入虚拟系统后，不仅是观看虚拟环境内部的内容，更重要的是对虚拟环境内部的内容进行操作和处理。用户通过外界的硬件条件进入虚拟环境以后，就可以对内部的具体对象进行操作。

感知性（Imagination）主要指的是在虚拟环境和虚拟系统中能够提供给用户真实的多种感官知觉。这种感官知觉可以让用户达到置身于虚拟环境中的独特效果。感知性可以被看作虚拟现实技术的重要指标，因为虚拟现实技术的建立主要就是能够让用户获取更为直接的感受。

综合而言，虚拟现实技术主要是利用硬件设施将用户与虚拟系统有机结合起来的技术。虚拟现实技术与其他数据处理技术和数据操作技术不同的就是虚拟现实技术能够为人们提供较为真实的感知体验，进而能够帮助用户提升对外界认知的深度。虚拟现实技术最终的目的也是通过一系列的手段，让人们的认知感更为深刻，能够更加真实地反映世界本质。

二、虚拟现实系统的种类

虚拟现实系统，按照不同的划分标准可以划分为多种类型，其中最常用的分类方式就是按照虚拟现实系统的具体功能来进行划分。在该种标准下可以具体划分为四种系统：桌面级虚拟现实系统、沉浸式虚拟现实系统、分布式虚拟现实系统和增强现实性虚拟现实系统。

（一）桌面级虚拟现实系统

桌面级虚拟现实系统主要指通过个人计算机与性能较低的工作站进行仿真模拟设计。在仿真模拟中，计算机屏幕是用户和虚拟环境进行连接的纽带，通过外部连接各种设备来对虚拟环境内部的对象进行系统的操作。该类系统最大的优势就是成本较低，操作相对简单，但是也存在一定的缺点，依据个人计算机进行仿真导致整体的功能相对较为单一。在应用过程中主要是应用于CAD设计和桌面游戏等。

（二）沉浸式虚拟现实系统

沉浸式虚拟现实系统与桌面级虚拟现实系统不同的是，在使用过程中多采用头盔等特制工具进行与模拟环境的交互。这种特制的工具最大的特点就是能够将用户与真实环境进行暂时的感官隔离，比如听觉隔离、视觉隔离等，以确保用户能够尽可能地与虚拟环境进行交互和融合。此类系统最大的特点就是能够让人们和用户真实地体验到虚拟环境的内部对象，感觉的真实性水平相对较高。但是此类系统也存在一个明显的问题，就是在购买特制工具过程中可能会花费较高的成本，而且所需要运行的软件复杂性也远远高于桌面级虚拟现实。但是由于特质工具所体现的特殊性，也使得该类系统能够在使用过程中更为灵活更为真实。

（三）分布式虚拟现实系统

分布式虚拟现实系统主要指的是在虚拟现实设计过程中，利用网络的特殊性融合多种地区的资源，对各种资源进行整合而设计的虚拟现实系统。该系统最大的特征就是能够通过网络将各地区的虚拟现实系统有机地结合起来，在功能上更为强大和丰富。目前分布式虚拟现实系统在使用过程中主要是基于互联网的虚拟现实和基于专用网络的虚拟现实。

（四）增强现实性虚拟现实系统

增强现实性虚拟现实系统则主要是将真实环境与虚拟现实系统基于一定手段与技术有机结合而成的复杂系统，因此又称为混合虚拟现实系统。该系统最大的特征就是能够将真实系统与虚拟现实系统结合起来，一方面能够降低虚拟现实购物建立环境时所需要的成本费用，另一方面也能够将真实环境应用到虚拟现实系统中，使整个系统更为真实和可信。

三、虚拟现实系统的构成

虚拟现实系统的模型如图1-2所示。用户通过专业的传感技术和硬件设施，能够在虚拟环境中对内部对象进行直接操作。而且在获取的感官中并非单独的视觉信息，还包括触觉和力觉。如果操作系统与外部世界通过相关的技术和相关的硬件设施连接完成，用户就可以进行虚拟环境内部的操作。

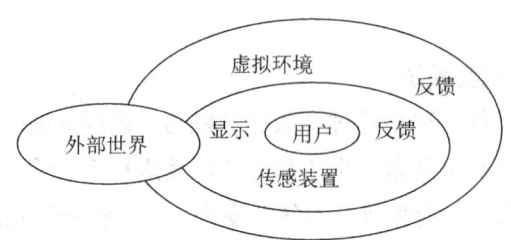

图 1-2　虚拟现实系统模型

虚拟现实系统主要由以下五个模块构成，如图 1-3 所示。

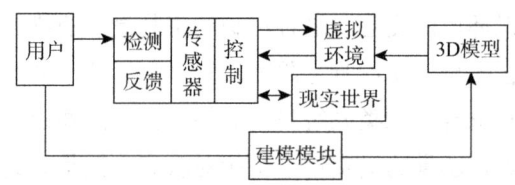

图 1-3　虚拟现实系统的模块构成

检测模块能够对用户所输入的操作命令进行检测，以确保用户的命令能够准确及时地传递到传感器模块。反馈模块接收来自传感器的信息，并且能够将信息及时反馈给用户。传感器模块，一方面接收用户先前所传递的指令信息，并且将该信息与虚拟现实内部的对象相融合以达到用户操作的目的；另一方面接收虚拟环境对用户指令的反馈信息，因此可以发现传感器模块是用户与虚拟环境相结合的重要模块。控制模块最主要的功能就是需要对虚拟现实系统中的传感器进行相关的控制，保证用户信息及虚拟环境交流等多方面功能的运行。建模模块是虚拟环境中最基本的模块，主要是将现实世界的三维信息通过建模的方式反馈到虚拟世界中。

四、虚拟现实系统的关键技术

虚拟现实系统的关键技术包括以下几个方面。

（一）动态环境建模技术

虚拟现实技术，一个最基本的功能就是需要将外部的环境通过建模的方式转化为虚拟环境内部的对象。因此动态环境的建模技术就是基于外界的现实生活和计算机有关的三维数据模型进行建立的。随后利用已经建立完成的三维模型数据，对虚拟世界和虚拟环境进行搭建。在三维数据的获取技术选择时通常采用的是 CAD 技术，另外非接触式视觉建模也是常用的基本方式之一。在建模过程中主要分为三大类：几何建模、物理建模和运动建模。

（二）实时三维图形生成技术

随着计算机技术的快速发展，三维图形生成已经达到较高的水平，但是在实时三维图形生成领域还存在一定的问题。而虚拟现实技术则需要与实时三维图形生成技术密切配合，保证用户向传感器输入指令以后，用户能够得到真实的三维图形反馈。因此为了达到能够及时传送的基本效果，在进行图形刷新时，需要超过 15 帧/秒的速度，甚至严格要求标准下需要超过 30 帧/秒。因此对于该技术而言，则需要在保证图形清晰度的情况下，确保传输速度能够满足虚拟现实技术的需要。

（三）立体显示和传感器技术

虚拟现实技术，一个很重要的模块就是传感器技术的应用，并且当传感器获取虚拟环境的反馈信息时，如何进行立体化的呈现。目前虽然已经存在相关的设备，但是并不能满足目前市场和社会的需求。比如目前常用的传感器和立体显示技术，主要有头盔手套等，但是都存在一定的问题，比如用户使用头盔与虚拟环境进行交互时，其重量相对较大，给用户带来很多的不适感，而数据手套则存在数据传输速度相对较慢，获取图像分辨率较低等问题。另外目前市场上所应用的传感装置，对于力觉和触觉的表征相对较少。

（四）应用系统开发技术

虚拟现实技术，最终的目的就是投入实际的应用，因此在使用过程中选择何种使用环境也是重要的工作之一。如果在使用过程中能够将相关的工作与虚拟现实技术有机结合起来，就可能较快速地提高工作效率，保证工作环境以及工作水平的不断提高。

（五）系统集成技术

虚拟现实技术在使用过程中需要对大量的现实世界进行建模的数字化处理，因此就需要对具体的信息和数据进行基层处理。在处理过程中主要包括四种基本技术：信息同步技术，模型标定技术，数据转化技术和数据管理模型、识别与合成技术。

第三节 虚拟现实技术的应用及发展趋势

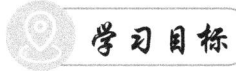

- 了解虚拟现实技术的应用
- 了解虚拟现实技术的发展趋势

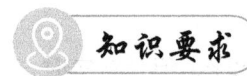

一、虚拟现实技术的应用

随着计算机技术、传感与测量技术、图形理论学、仿真技术和微电子等技术的飞速发展，虚拟现实技术也随之发展。

（一）虚拟现实地图的应用

目前虚拟现实技术已经与地图学领域开展了较为密切的合作与融合。主要的融合方式体现在三个方面，第一方面是虚拟现实技术能够为地图环境提供更为真实的三维场景。虚拟现实技术未提出学科提供的虚拟对象，有建筑物、地形以及三维自然景观。第二方面是虚拟现实技术可以在用户浏览地图时为用户提供更为真实的、更符合人体视觉的虚拟仿真体验，保证用户能够在使用地图时有较强真实感。第三方面是虚拟现实技术的相关工具，比如数据手套和头盔等能够提供相关的基础工具，如测算距离、测算面积等。

（二）在军事现代化中的应用

战争是残酷的，因此要想尽可能地减少损失，就必须将整个军事技术与虚拟现实技术有机融合起来，真正达到无人战争的目的。用虚拟现实技术能够还原战争的真实场景，使指挥人员和工作人员能够第一时间掌握真实的战争场景，保证达到自身需要的战略目的。在和平时期军事演习中，也可以与虚拟现实技术进行有机的结合，保证在演习中减少人员伤亡，发挥军事演练的最佳效果。

（三）在地理信息系统中的应用

地理信息系统与虚拟现实技术相互融合可以对具体的三维事物进行仿真模拟，使用户能够具有更加生动形象的体验感。因此在地理信息系统与虚拟现实技术相互融合的过程中，地理空间数据就显得格外重要。对于地理数据库而言，其最主要的基础数据为地形数据，另外也包含其他类型的数据，比如地下水数据、居民点分布数据、交通线网络数据等。多种数据综合而成，构成空间定位地形图形。而与其关系较为密切的是地面影像数据库。该数据库的建立，最主要的是根据航空获取的照片以及卫星所获取的影像数字化后所建立三维图像，为建立三维地形图像提供了重要的数据支持。

（四）空间信息可视化的应用

空间技术作为一种多维的信息数据，需要进行可视化处理，因此与虚拟现实技术完美融合，就能够有效地将空间数据进行展示。

（五）在教育方面的应用（图 1-4）

虚拟现实技术的发展也在教学方面得到了充分的应用。由于虚拟现实技术的不断提高，使教师在教学过程中能够选择更多的教学方法和教学方式，保证学生能够更深入地理解课本的基本知识，提升学习效率。

比起传统教学，利用虚拟现实技术进行教学时，能够提升教学中的趣味性，帮助学生更好地理解课堂知识，学生在上课时只需要佩戴有关虚拟现实技术的硬件设备，比如眼镜、手套、头盔等即可真实地对整个课堂内容的场景性进行了解。因此利用虚拟现实技术进行教学能够彻底改变传统的板书模式，提升学生的学习兴趣和学习乐趣。在传统教学中，许多美好的场景，只能通过教师的板书文字或者是教师口述来完成，虚拟现实技术则可以真实地展示在学生面前。

虚拟现实技术在与教育的结合中能够使课堂氛围更加游戏化，而且在情景转换过程中也能更加真实合理，在教学过程中能够帮助教师解决虚拟化和非真实性的具体问题，使学生能够真实自然地完成学习，在进行实验过程中也能对具体的实验器材进行高度还原。由于在进行实验过程中可能会存在需要一些昂贵器材的问题，通过虚拟现实技术能够有效降低成本。如果实验操作中存在一些有毒物质，通过虚拟现实技术也能够极大地保证学生的安全。

VR 技术已融入我们的生活当中，VR 式教育也使用户更加喜爱学习，对知识有更深层次的理解。VR 教育的前景是非常广阔的，相信 VR 教育的模式能够大放光彩，而且随着 5G 的来临，VR 教育势必会迎来新的发展机遇。

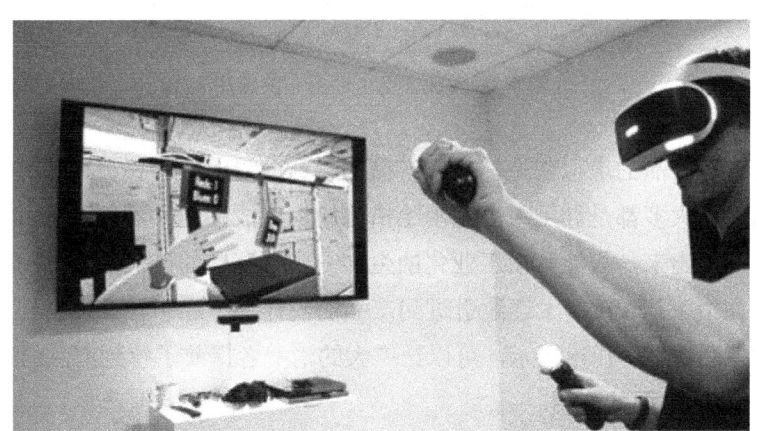

图 1-4　VR 教育应用

（六）在电子商务方面的应用

利用虚拟现实技术，可以增强顾客对在线商品的认知能力，以此提升购物的效率。在计算机创造的比较完善的虚拟情景和客观世界，可以让顾客在非常多的场地或者是足不出户就可以得到相应的购物体验。在观察范围内可以呈现立体化的实物状态来展现商品，从而让消费者利用多个角度对于商品的特征进行观察，提高所有消费人员对于购买商品的感知能力。而顾客在对于各种商品进行选购的过程中，仅仅是根据自身的要求提供有关的信息，就可以创造出匹配的模型，并在虚拟的环境中对于此类商品进行购买。

提高线上商品信息的准确性并且改善相应的信用机制，在虚拟状态的购物环境之中，相关企业可以利用电子商务的平台对于所有的商品进行建模（图1-5），这样不仅可以避免诸多的商家欺骗消费者或者是任意发布虚假的商品，还可以将商品最真实的信息展示给消费者们，在满足所有消费者视觉感官的基础之上，还能够认识到所有商品的不同材质以及质量好坏的问题，帮助商家进行公平的竞争。

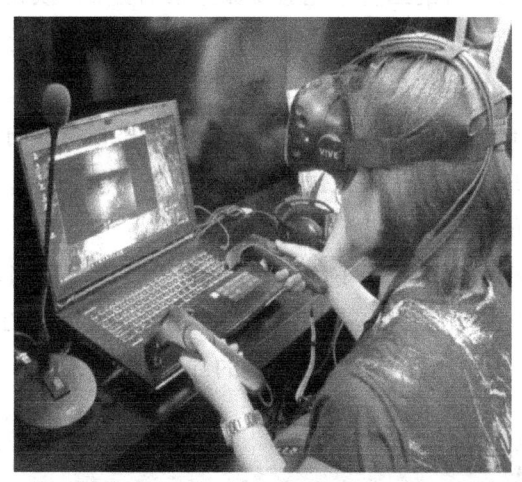

图1-5　VR在电子商务中的应用

在线上进行产品的虚拟创造，提升产品的设计成果的效率，在比较传统的工业设计中，产品设计大多都是利用人工的手绘措施相继完成的，并不能把各种类型的产品比较直观地展现出来，只能利用工业化的生产得到最真实的产品之后才可以让消费者作出评估，在当下把VR技术逐渐引进到产品的设计环节之中，产品在还没有上市的前期就在虚拟环境之中作出展示，可以让广大的消费者提前了解到产品的有关功能。

（七）在旅游方面的应用

旅游方面与虚拟现实技术的融合，则更为直接，通过虚拟现实技术相关的旅游景区能够重现历史期间的变化，比如具体的古建筑在不同朝代的具体变化。而且相关景区可以利用虚拟现实技术将景色投入虚拟现实系统中，游客不必真正地到达景区就能够实现游玩和观赏（图1-6）。

另外对于游客而言，利用虚拟现实技术也能够对旅游景点的真实情况进行判断，因为在旅行过程中可能会存在宣传网页与现实景点出现一定出入的现象，而利用虚拟现实技术则可以不用进入景区，就能够对景区的景色进行直接的判断。

图 1-6　VR 在旅游中的应用

二、虚拟现实技术未来的发展与展望

虽然目前虚拟现实技术已经得到了长足的发展，但是整体的发展时间相对较短，这也使得目前发展还相对并不成熟。在未来虚拟现实发展的方向以及发展的内容上，可能还存在一定的不足，但是在具体应用上也应该进行较多的展望。

（一）动态环境建模技术

虚拟技术在实现过程中必须要对虚拟环境进行真实性的建立，在此过程中就需要对现实环境的数字信息进行动态化的建模，而动态环境建模技术就是能够将三维数据进行有效获取以确保虚拟环境的快速建立。

（二）实时三维图形生成和显示技术

三维图形的生成过程以及使用方式已经较为成熟，但是在如何进行快速实时的使用方面还存在一定的不足，因此在使用过程中既需要关注传播的速度，又需要关注传播的质量。在未来的发展过程中，需要充分地考虑传播速度与传播质量之间的关系，保证所传播的三维数据信息既能够快速反应，又能够具有较高的清晰度和真实感。

（三）适人化、智能化人机交互设备的研制

虽然目前常用的硬件设施（手套和头盔）已经让用户在使用虚拟环境时的沉浸式体验感变强，但是在具体使用过程中也存在用户头晕、精度不高等问题，达不到很理想的沉浸状态，适人化、智能化人机交互的研制有助于提高用户在使用时的体验感。

（四）大型网络分布式虚拟现实的研究与应用

网络虚拟现实主要指的是可以通过计算机网络将多个用户进行集成，并且能够对虚拟情景进行反应的技术。在建立过程中不仅需要对复杂的虚拟环境进行详细的计算，还需要充分发挥协同工作和共享虚拟环境的作用。对于分布式虚拟现实技术而言，可以将其认为是一个网络版的虚拟现实，能够让多个用户在同一个虚拟环境下进行操作。目前我国多个科研院所及重点高校已经开展对分布虚拟基础信息平台的建设。前期的工作已经为我国在该领域的发展奠定了坚实的基础。

一、系统结构说明

出版印刷发行 VR 实训软件系统一共包括以下九个模块。

（一）消费者接待

预设营业员和消费者两种角色。展现方式是通过 VR 设备进入虚拟场景，选择自己要扮演的角色。不同的角色，动作语言穿着都不一样，给学员不一样的体验，订单完成时有恭喜界面出现。

（二）图书分类

画面呈现介绍 22 个图书分类的基本大类。学员通过 VR 设备进入虚拟场景，面前会出现一个面板，介绍 22 个基本分类。学员可以通过左右滑动，点击对应大类按钮，弹出大类介绍。

（三）售书连续作业

通过 VR 设备进入场景，可以对购买的出版物进行任意角度的旋转，以及在收银台上任意位置的移动、叠放等动作，完成对出版物的整理、点数、计算、包扎连续操作。然后用手柄操作虚拟三维计算机和打印机完成开票，全部完成后会出现彩球或烟花的欢庆画面。

（四）出版物识别

设定一个三维虚拟的图书场景，进行合法与非法出版物识别分类。体验者通过手柄操作来识别出版物，可以单人也可以多人同场实训，操作过程中趣味性较强。

（五）百科知识问答

该项目和全国发行行业竞赛团体赛相对应，可选择单人或者多人场景，进入知识问答。学员通过 VR 设备进入虚拟地图场景，以探宝的形式来发现宝箱。

（六）现场图书推荐

现场图书推荐场景包括圆形图书馆虚拟场景，五种虚拟出版物：报纸出版物、期刊出版物、图书出版物、电子出版物、互联网出版物。展现方式是通过 VR 设备进入特定场景，场景中有多种出版物，学员可以选择不同出版物，学习相应的现场图书推荐。

（七）图书卖场设计

布置营业场所的出版物陈列，布置营业场所的宣传、服务等标牌。通过 VR 设备进入三维空间场景，点击开始布置按钮，两边会出现书店设备设施图标，学员可以拖动图标中的设备在三维场景中进行自主摆放。

现场图书推荐场景为圆形图书馆虚拟场景,有五种虚拟出版物:报纸出版物、期刊出版物、图书出版物、电子出版物、互联网出版物。展现方式是通过 VR 设备进入特定场景,场景中有多种出版物,学员可以选择不同出版物,学习相应的现场图书推荐。

（八）图书物流

场景中有已经包装好的正在等候物流来提货的出版物,还有没有完成打包的出版物。物流公司上门提货后发货完成。体验者可以通过手柄,把需要发货的出版物整理打包,并且填写物流单据,贴好物流单,交给物流公司,整个物流发货完成。

（九）图书花样造型设计

通过 VR 设备进入特定虚拟场景,在半弧形书架前,学员选择想要码放的书籍,进行图书花样造型设计,也可以查看以下样式进行学习:立柱式书墩、错位式书墩、螺旋式书墩、综合式书墩。

二、操作方式

（1）检查定位器是否接通电源（图 1-7）。

（2）检查串流盒是否正确连接（图 1-8）。

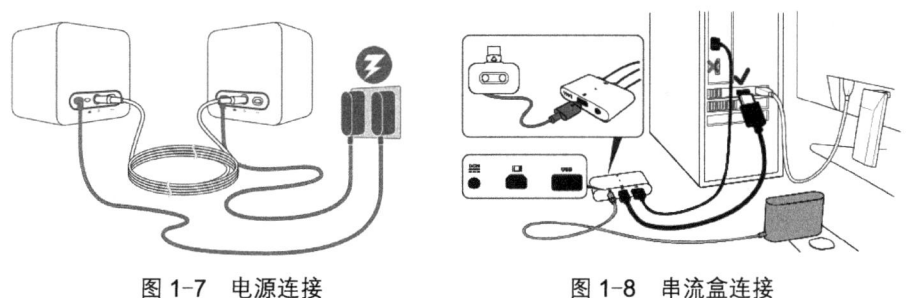

图 1-7　电源连接　　　　　　图 1-8　串流盒连接

（3）打开串流盒电源（图 1-9）。

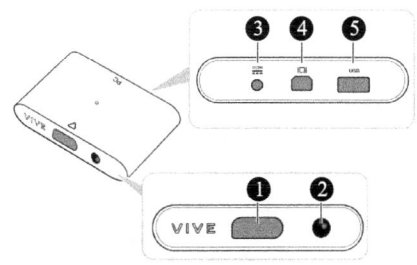

图 1-9　串流盒

①头戴式设备连接线端口。
②电源按钮。
③电源端口。
④DisplayPort 端口。
⑤USB3.0 端口。
(4) 打开计算机电源。
(5) 长按手柄系统按钮 3 秒，状态指示灯为绿色即可正常使用，如果手柄不亮或者黄灯则需充电（图 1-10）。

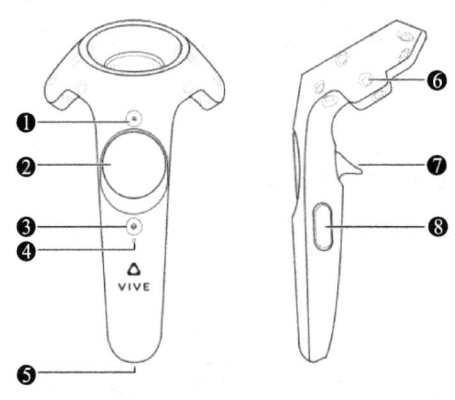

图 1-10　手柄

①菜单按钮。
②触控板。
③系统按钮。
④状态指示灯。
⑤Micro-USB 端口。
⑥追踪感应器。
⑦扳机。
⑧侧键（抓握按钮）。
(6) 在计算机上，双击打开 TuShuGuan 应用程序（图 1-11）。

图 1-11　应用程序图标

（7）戴上头戴式设备（在戴上头戴式设备前，请确保已将镜头上的保护膜或纸盖取下）。

详细步骤如下。

①逆时针转动调节旋钮来松开头带，然后掀开顶部的魔术贴条（图1-12）。

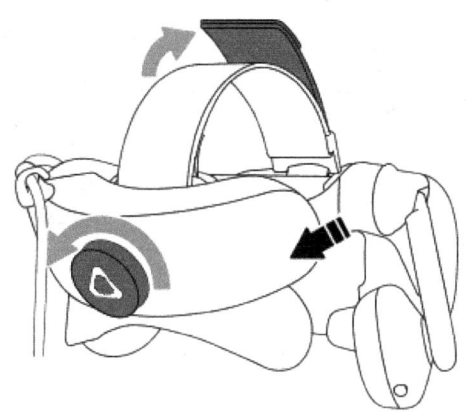

图1-12　头盔1

②将头戴式设备戴在眼部的位置，再将头带套在后脑上（图1-13）。

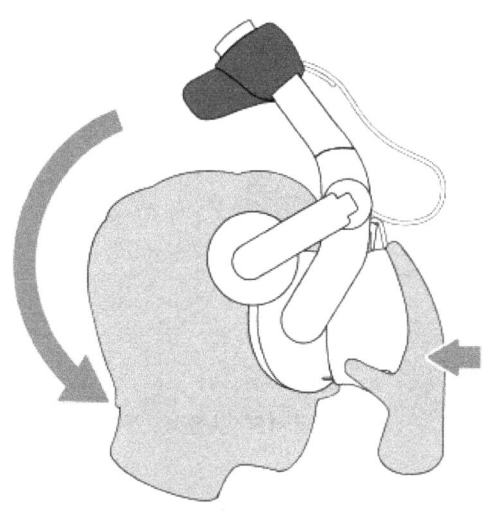

图1-13　头盔2

③顺时针转动调节旋钮，使头戴式设备贴合且舒适，再贴好顶部魔术贴条（图1-14）。

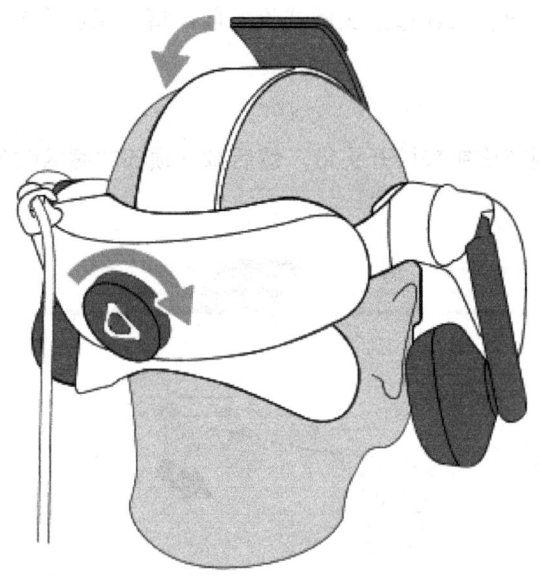

图 1-14 头盔 3

④将耳机调整到耳朵上舒适的位置,然后往耳朵的方向按压耳机,使其固定就位(图 1-15)。

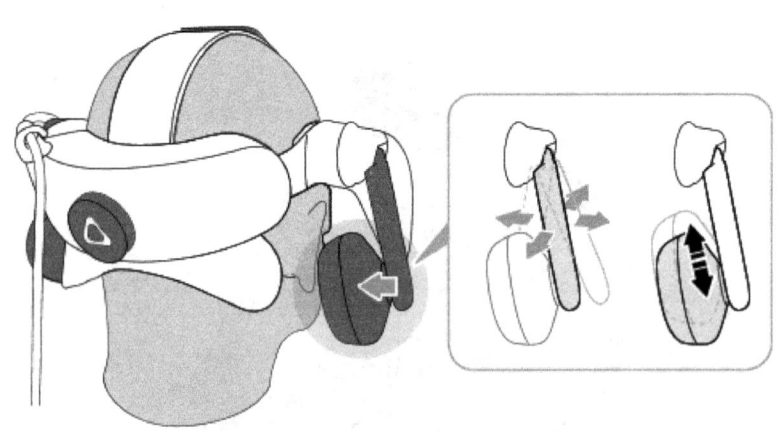

图 1-15 头盔 4

⑤确保头戴式设备连接线穿过头戴式设备背面的线夹,并且垂挂于背后(图 1-16)。

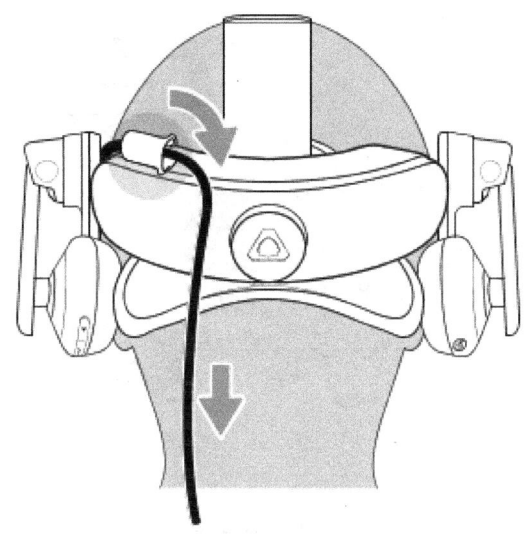

图 1-16　头盔 5

（8）旋转镜头距离按钮，调节头戴式设备上的瞳孔间距（顺时针旋转旋钮，增大镜头之间的距离；逆时针旋转旋钮，减小镜头之间的距离）（图 1-17）（图 1-18）。

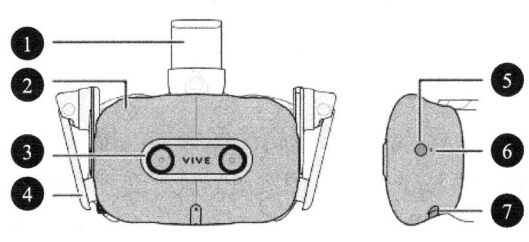

图 1-17　镜头调节 1

①头戴式设备头带。
②追踪感应器。
③相机镜头。
④耳机。
⑤头戴式设备按钮。
⑥状态指示灯。
⑦镜头距离按钮。

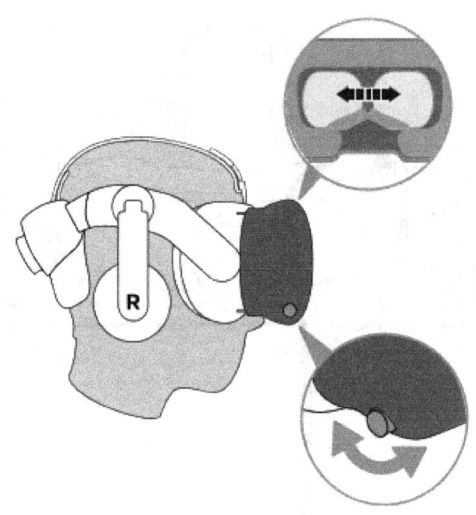

图 1-18　镜头调节 2

（9）在他人的协助下握住两只操控手柄。

（10）进入系统后，转动头盔即可转动视角，使用右手柄射线指至对应模块，按下手柄⑦（扳机）即可进入相应模块进行学习。

（11）进入模块后，按住左手柄②（触控板）不松，手柄会发射出一条曲线，当曲线呈绿色时，松开触控板，即可传送瞬移至曲线与地面的交会点，当曲线为红色时，代表该区域无法进行传送瞬移。

（12）移动至所需场景后，使用右手柄接触物体，按下⑧（抓握按钮）可以拿起场景里的交互物件，然后再按下⑧（抓握按钮）放下交互物件。

注意事项：当用户的手指与任意一只手柄的②（触控板）有接触时，右手柄的点击按钮⑦（扳机）功能无法使用，需松开②（触控板）后才可以正常点击使用。

（13）实验完毕，取下头盔，按下键盘 win 键，使用鼠标右键点击菜单相应图标，选择关闭软件（图 1-19）。

图 1-19　快捷方式

（14）按（图1-20）②（电源按钮）关闭串流盒，头盔手柄即可全部关闭。

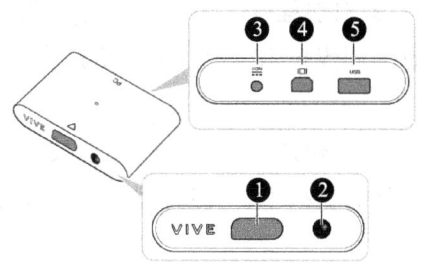

图1-20 串流盒功能

①头戴式设备连接线端口。
②电源按钮。
③电源端口。
④DisplayPort 端口。
⑤USB3.0 端口。

章节测试

一、判断题

1. 虚拟现实的特征，即沉浸、交互、想象，三者缺一不可。（　　）
2. 交互性指用户对模拟环境内物体的可操作程度和从环境得到反馈的自然程度。（　　）
3. 虚拟现实系统的种类包括桌面级虚拟现实系统、沉浸式虚拟现实系统、分布式虚拟现实系统。（　　）
4. 虚拟现实系统主要由五个模块构成。（　　）
5. 虚拟现实系统中的控制模块主要是对传感器进行控制，使其对用户、虚拟环境和现实世界产生作用。（　　）
6. 虚拟现实技术的应用不能在军事现代化中应用。（　　）
7. 在出版物发行 VR 操作实训系统中使用右手手柄的扳手可以抓握物品。（　　）
8. 出版物发行 VR 操作实训系统使用完毕后不需要关闭串流盒电源。（　　）
9. 头戴式设备不需要连接任何设备即可使用。（　　）
10. 长按手柄菜单按钮可以打开手柄。（　　）

二、单项选择题

11. 沉浸性是指用户作为主角存在于虚拟环境中的（　　）。
 A. 真实程度　　　B. 自然程度　　　C. 感觉程度　　　D. 灵敏程度

12. 集成技术包括信息的同步技术、模型的标定技术、数据转换技术、数据管理模型、识别和（　　）。
 A. 信息技术　　　B. 传输技术　　　C. 虚拟技术　　　D. 合成技术

13. 虚拟现实技术随着计算机技术、传感与测量技术、图形理论学、仿真技术和（　　）的飞速发展而发展。
 A. 测量技术　　　B. 微电子技术　　C. 显示技术　　　D. 电子技术

14. 长按（　　）打开手柄。
 A. 触控板　　　　B. 扳机　　　　　C. 抓握按钮　　　D. 系统按钮

15. 按一下手柄上的（　　）可以抓握物体。
 A. 扳机　　　　　B. 系统按钮　　　C. 触控板　　　　D. 抓握按钮

16. 在出版物发行 VR 操作实训系统中按住（　　）不放，手柄会发射出一条曲线，当曲线呈绿色时，松开触控板，即可传送瞬移至曲线与地面的交会点。
 A. 菜单按钮　　　B. 触控板　　　　C. 系统按钮　　　D. 扳机

17. 实训完毕按下（　　）退出系统。
 A. 菜单按钮　　　B. 扳机　　　　　C. win 键　　　　D. 鼠标右键

18. （　　）的建立是虚拟现实技术的核心内容。
 A. 虚拟环境　　　　　　　　　　　B. 虚拟图形
 C. 智能化人机交互　　　　　　　　D. 网络合成技术

19. 出版印刷发行 VR 实训软件系统一共包括（　　）模块。
 A.6 个　　　　　B.7 个　　　　　C.8 个　　　　　D.9 个

20. 虚拟现实系统主要由（　　）模块构成。
 A.5 个　　　　　B.6 个　　　　　C.7 个　　　　　D.8 个

第二章
发行基础知识

出版发行业虽然经历了不少变化，但是基础知识是发行行业从业人员必须要掌握的内容。本章节从发行的基础知识着手，首先，通过对出版活动和出版历史的引入，让读者熟悉出版的三要素，了解出版发展的变革；其次，详细讲解了出版物的种类和各种出版物的特点，帮助从业人员区分种类不同的出版物，并能够准确识别出版物的构成、开本和装帧样式；再次，以出版物的流通为切入点，介绍了图书发行流通的环节和过程，分析了图书的购销形式，以及发行人员需要遵守的职业道德，为今后从事发行工作打好基础；最后，为了紧跟发行行业的发展，加入了网上书店的知识，分析了网上书店的特点，拓展了发行渠道。

第一节　出版知识

学习目标

- 了解出版的内涵
- 掌握出版三要素和出版业的组成
- 了解出版历史上的变革

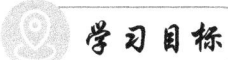

我国出版发展有着悠久的历史，出版是发行活动的前提。通过对出版历史的了解，熟悉出版的发展，进一步熟知出版物的概念。出版活动是由编辑、复制、发行这些环节构成的，也称为出版三要素，三要素之间存在密不可分的联系，明确出版三要素，能够更规范地进行出版发行活动。

一、出版的概念

我国很早就有出版活动，在我国古代就有很多表示出版含义的词语，当时把出版这种活动叫作"雕印""付梓"等。付梓是把稿件交付排印，这与我们现代出版的含义很接近。

我国出版物的发展经历了漫长的变化，有悠久的历史，最早的书籍认为是刻有龟甲的兽骨，然后出现了由竹子制成的简册和木片制成的木牍；再进一步出现了丝绸制成帛书，之后发展到出现了纸张手抄本和印本，最后到现代出现了其他介质的出版物。就目前所知，在我国最早使用"出版"这个词的是在1833年创办的《东西洋考每月统记传》，在这本书的前言中两次使用了"出版"这个词。

《现代汉语词典》对出版的定义是"把书刊、图画等编印出来；把唱片、音像磁带等制作出来"。《辞海》对出版的定义是"现代出版工作泛指出版、印刷、发行三方面的工作，也专指报刊图书编辑部门的工作"。现代出版的概念是指将作品编辑加工后，经过复制向公众传播或发行。

二、出版活动的要素

出版活动基本是由三个要素构成的：编辑、复制、发行。三大要素可以说缺一不可。编辑是指对稿件的策划、组织和加工，以符合读者的需求，是作品复制和发行的前提。复制是指将编辑加工后的内容制成多份相同的内容，使读者获得阅读的载体。传播和发行是指通过商品交换将复制的作品提供给公众。

这里要注意的是，没有经过编辑的作品可以复制和传播，但是这样的行为不能算作出版活动。对作品编辑但是不进行复制和发行那也不是出版活动。出版是经过"加工""发表"而"公之于众"的形式，但是不能说所有"发表"和"公之于众"的形式都是出版。

三、我国出版业的构成

我国出版业的组成机构有狭义和广义之分，如果按照狭义来说，一般由各类出版公司（社）、印刷企业、发行企业和书店组成；如果按照广义来说，则可以分为各类出版公司（社）、排版制作单位、印刷复制单位、发行企业和书店、培养出版类人才的学校和教育机构、出版印刷科研单位等。

（一）出版公司（社）

出版公司（社）一般是指直接进行出版编辑发行的机构。出版社（包括电子音像出版社等）、期刊社、报社，以及现在新兴的互联网出版企业等。

（二）排版制作单位

排版制作单位一般是对书、报刊等出版物进行排版制作，对音像制品录音、录像、剪辑、母盘制作等工作的单位。这类单位基本上都是按照出版单位的要求对内容进行技术性加工和处理的单位。它们是出版单位技术部门一部分工作社会化的产物。

（三）印刷复制单位

印刷复制单位一般是从事印刷和音像制品复制等生产工作的企业。一般有印刷企业、音像公司、电子出版物复制企业等。

（四）发行企业和书店

发行企业一般是专门从事图书总发行、批发的单位，书店主要是进行出版物零售的单位，主要是进行出版物的销售环节。

（五）培养出版类人才的学校和教育机构

这类主要是指开设出版学、编辑学、出版商务、印刷、数字媒体等与出版工作相关专业的学校和教育机构。里面既有高等院校、大专高职校，也包括中等职业学校、社会培训机构等，从而满足出版发行行业对人才的多方面需求。

四、我国出版发展史

（一）我国出版发展的历史

我国出版发展有着悠久的历史。早在3000多年前，殷商时期就出现了原始的书籍，到春秋战国就有了编辑工作，唐代发明雕版印刷术之后，出现了私营出版业性质的刻坊。宋元时代的管刻机构国子监、兴文署，设有专职官员、编辑校勘人员和刻字工人、印刷工人。

古代出版业发展的重要标志之一就是"书肆"的出现。"书肆"又称"书坊"，是专门抄书、交换和买卖图书典籍的地方。书肆最早出现于西汉末年，当时出现了我国第一个书籍集市——槐市，这也是我国历史上最早的书籍交易市场。书肆的出现使典籍得到广泛传播和利用，促进了文化教育事业的发展，为出版业的发展奠定了基础。

现代出版业发展的重要标志是1897年上海商务印书馆的创办。商务印书馆是我国最早的现代出版机构。国家新闻出版署将1897年定名为"中国现代出版年"。

新中国成立之前和成立初期，新华书店、商务印书馆、中华书局都是既担负编辑出版任务，又自办印刷、发行的"三位一体"的出版管理模式的机构。

（二）出版历史上的四次革命

出版史上有四次革命。第一次革命是人类祖先将口语传播逐渐改为文字传播；第二次革命是中国造纸术的发明；第三次革命是印刷术的发明；第四次革命是网络电子出版技术的出现。

这四次革命都分别是一次质的飞跃，每一次出版历史的革命，都是人类社会发展的一大动力，从而完善人类对于出版的需求。

第二节 出版物基础知识

学习目标

- 熟悉出版物的种类
- 掌握各种出版物的特点
- 分辨出版物的纸张开本和装帧工艺

知识要求

通过对出版物的六大类型进行阐述，并分析各自的特点，在发行工作中要能够明确区分出版物的各种类型和其主要特点。在熟悉出版物的过程中，也要准确识别出版物的结构，包括图书封面、封底、书脊、书芯等构成。同时，出版物的常见开本、印刷形式、装帧的各种样式和材质等也是出版物的重要组成。

一、出版物的概念

出版物是指运用一定的物质生产手段，将经过编辑加工的著作、作品稿件以文字、图形、图像、声音或其他符号形式表现出来的，具有一定量的复本，使之在社会上或一定范围内发行传播的，承载精神文化内容的物质载体。

出版物包括定期出版物和不定期出版物两大类。定期出版物主要指报纸和期刊；不定期出版物主要指图书。

二、出版物的构成要素

（一）精神内容

采用文字、图像、图形、声音等符号，按照一定的主题或结构记录表述精神文化内容，可供阅读、欣赏。

（二）编辑加工

出版物的知识和信息是经过再加工的，凝聚了编辑加工的劳动和知识。

（三）物质载体

出版物是一种记录精神文化内容的物质载体，并且要进行批量复制。

（四）公众传播

通过销售或者赠送等方式向公众传播。

三、出版物的类型

出版物按照目前形态分为六个大类，包括图书、期刊、报纸、音像制品、电子出版物、互联网出版物。

（一）图书

图书是以纸张为载体，用印刷的形式进行复制的，并且都有书名、书号、编著者的可以重印的不定期的出版物。

图书的特点：

①有独立的主题，内容系统、完整。

②出版周期长，没有固定的出版日期。

③具有长期流通和收藏价值。

（二）期刊

期刊是定期出版的刊物，也称杂志。有固定的出版周期，连续出版的，并且进行顺序编号的连续出版物。

期刊的特点：

①出版有固定的周期，一般以周、月、季、年等为出版周期。

②内容比较新颖，出版周期比较短。

③一般采用胶订或骑马订形式装订。

（三）报纸

报纸是以刊登新闻为主要内容的，定期出版的，出版周期较短的连续出版物。

报纸的特点：

①内容时效性强，出版周期短。

②能够反映和引导社会舆论。

③一般由众多作者作品汇编而成。

（四）音像制品

音像制品是指采用磁光电技术，将音频或视频等内容制作在磁带、磁盘、光盘等介质上的出版物。一般包括录音制品和录像制品两个大类。

音像制品的特点：

①音像制品既有声音，又有图像，表现形式多样化。

②音像制品容量更大，体积又比较小，传播运输更方便。

（五）电子出版物

电子出版物以数字代码方式，把具有知识性和思想性的内容，进行编辑后，储存在磁、光、电等载体介质上的出版物。电子出版物需要通过外部设备、阅读器等来读取和使用。

电子出版物的特点：

①更新容易，复制速度快。

②具有交互性，方便读者进行检索和查找。

③有观赏性，具备多媒体的表现方式。

④与传统出版物的发行渠道不同。

（六）互联网出版物

互联网出版物是作者或者创作者将自己或者他人的作品进行一定的编辑加工，传送到互联网上，也可以通过互联网发送到读者的设备上。通过阅读设备浏览、阅读或下载的出版物。

互联网出版物的特点：

①流通的网络化，通过互联网进行传送。

②存储方便，不需要传统的物流体系的支撑。

③可以通过电商平台或网上书店进行交易。

四、纸张及其类型

纸张是传统出版物（图书、期刊、报纸）的主要载体形式，纸张的种类很多，要选择合适的纸张印刷相应的出版物。

（一）纸张的种类

纸张的种类非常多，在印刷中常用的纸张主要有以下五种。

（1）双胶纸：又称胶版印刷纸或胶版纸，纸面洁白平滑，组织细致均匀平整度好。并且具有较好的表面强度，耐水性好，黑白和彩色文字、图像都能够印刷，一般使用胶版印刷机来印刷图书、期刊。

（2）铜版纸：是一种印刷涂布纸。铜版纸是在原纸表面涂布一层白色涂料，经过压光加工而成。铜版纸具有表面光滑，白度高，纸质纤维分布均匀，吸墨性能好等特点。主要用于印刷各类出版物的封面、插图、彩页以及各种美术图书、画册等彩色印刷品。

（3）轻型纸：又叫轻质印刷纸，轻型纸相比胶版纸而言具有一定的松厚度，颜色有本白、米白、米黄等色调，色相柔和，对油墨的吸收性能好等特点。目前轻型纸主要用于图书、期刊等的正文印刷。

（4）字典纸：字典纸是一种比较高级的薄型书刊用纸，纸质较薄，强韧耐折，不透明性好，主要用于字典、辞典、百科全书、手册等辞书和比较厚的科技资料等。

（5）新闻纸：又称白报纸，纸质松轻、有较好的弹性；吸墨性能好，保证了油墨在很短的时间就能固着在纸面上，所以适用于高速轮转印刷机。纸张经过压光后两面平滑，不起毛，从而使两面印迹比较清晰而饱满；一般用于报刊、期刊及一般书籍的印刷。

（二）纸张的规格

用于印刷的纸张按形状区分一般有平板纸和卷筒纸两种。平板纸一般用于单张纸印刷机，卷筒纸用于轮转印刷机。常见的平板纸的规格一般有787mm×1092mm、700mm×1000mm、880mm×1230mm、890mm×1240mm、1000mm×1400mm等。卷筒纸常见规格主要是根据纸张幅面宽度区分，一般有780mm、880mm。

（三）纸张克重

纸张的定量一般称为"克重"，是每平方米纸张的重量。单位：克/平方米（g/m^2），如 $150g/m^2$ 的纸是指该种纸每平方米的单张重量为150g。常用出版物印刷的纸张克重一般为 $50\sim 250g/m^2$。纸张克重在 $250g/m^2$ 以下（含 $250g/m^2$）的称为"纸"，超过 $250g/m^2$ 的则称为"纸板"。

五、开本

开本是书刊幅面大小的单位，一张全张的印刷纸裁切成多少张，就叫多少开。出版物中常见的开本有32开（指裁切成32张，多用于书籍）、16开（指裁切成16张，多用于书籍、杂志）、64开（指裁切成64张，多用于中小型字典、连环画）。其他还有8开、12开、24开等开本（图2-1）。

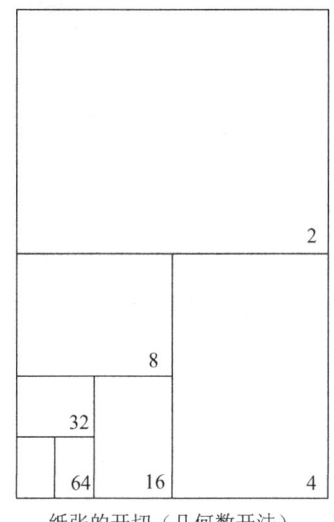

纸张的开切（几何数开法）

图2-1　开本尺寸

要注意的是，如果图书的开本相同，它们的尺寸大小不一定是相同的。因为尺寸的大小是要根据使用的全张纸的大小来决定的。例如，开本为32开的图书，如果使用的是787mm×1092mm纸张开切的尺寸为130mm×185mm，一般称为正32开，而使用890mm×1240mm纸张开切的尺寸为148mm×210mm，一般称为大32开。

其实书籍的开本也是一种设计语言。作为一种外在的形式，读者拿到书的时候最先感知到的就是书的幅面大小，也就是我们所说的开本。大的开本给读者带来一种大气、精美、高雅的感觉，小的开本给读者带来便利、小巧、精致的感觉。当然，确定一本书的开本最终还得要为图书的主题服务，适合主题的，适合不同读者对象的开本设计才是最好的。

六、图书的结构

封面又称"封一",位于书刊的最前面,是广义的封面组成部分。封面的大小取决于书刊的高度和宽度(图 2-2)。

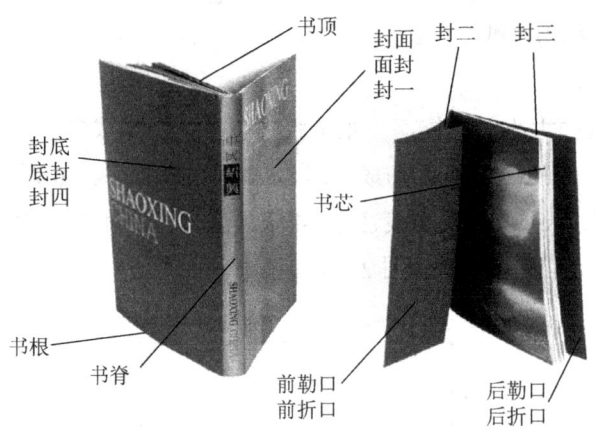

图 2-2　图书结构

封底又称"封四",它与封面一样,也是广义的封面组成部分,但位于书刊的最后面,与封面相对应。封底的大小取决于书刊的高度和宽度。

书脊又称"封脊",它也是广义的封面的组成部分,但位于书刊的书页订合处,与切口相对应。书脊的大小取决于书刊的高度和厚度。

切口又称"外切口",它的主体部分是书刊的内文书页一侧边缘,大小取决于书刊的高度和厚度。

前后勒口,就是书的封面折进去的部分。主要作用一是美观;二是使封面不容易破损;三是在勒口上还可以放作者的照片和简介等介绍性文字。

七、装订形式

(一)平装

平装也称简装,是使用软质纸制作的封面,把书帖、书芯包住并固定,使之形成一个整体。平装一般根据封面形式的不同分为两种:一种是普通平装,另一种是有勒口的平装(图 2-3)。

(二)精装

精装是使用质地较硬并且略大于书芯的封面,保护书芯的作用明显超过平装样式所采用的软质纸封面(图 2-4)。

按用料划分的精装种类可以分为以下几种。

①全纸面精装,全部都用硬质纸板和软质纸(或涂布某种涂料的纸张)制作。

②纸面布脊精装,封面和封底都是用硬质纸板和软质纸制作,而书脊部分使用织

物制作。

③全面料精装，全部都用硬质纸板做基材，以棉布或其他织物、皮革等作为面料制作而成。

图 2-3　平装书籍

图 2-4　精装书籍

（三）骑马订（图 2-5）

图 2-5　骑马订书籍

骑马订的主要特点是订书方式采用骑马订。这种工艺特点，是书刊内文部分事先并不订合成书芯，而是配上封面后再整本书刊一起订合、一起切齐。

（四）线装（图2-6）

线装将依中缝对折的若干书页和封面、封底叠合后，在右侧适当宽度处用线穿订起来。

图2-6　线装书籍

（五）散页装

散页装是将书页一页页以单张形式装在封面内或者套在书袋、包装盒内的装帧形式，内页不装订成册。散页装一般用于卡片、挂图或者试卷类出版。

八、出版物的印刷方式

印刷是使用印版或其他方式，将原稿上的图文信息转移到承印物上的工艺技术和工艺过程。

常见的印刷方式一般有平版印刷、凸版印刷和凹版印刷、孔版印刷。传统出版物的主要印刷方式一般为平版印刷。

平版印刷是用图文部分和非图文部分几乎处于同一平面的印版进行印刷的方式。平版印刷中最常见的是胶印。胶印产品的特点是墨色均匀，色彩和阶调的还原性较好。因此，平版印刷尤其是其中的胶印是现在印刷图书、期刊、报纸的主要方式，同时也常用于印刷宣传画、商标等。

第三节 发行基础知识

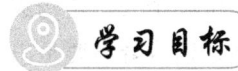

- 了解出版物发行的概念
- 掌握出版物发行的环节
- 了解出版物的各种购销形式
- 熟悉发行员的职业道德

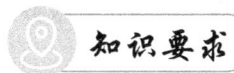

出版物发行工作是出版物从生产领域进入流通环节,将出版物更好地推广给受众的过程。出版物发行环节是出版物生产与出版物消费的中间环节,在发行业态中要熟知总发行、批发和零售各自的形式和特点。同时,在发行行业中,出版单位与发行企业或零售企业等之间还有多种购销形式,多种购销形式的存在能够拓展发行的方式和渠道。

一、出版物发行

(一)出版物发行的概念

出版物发行是指出版单位通过商品交换将出版物传送给消费者的活动。出版物发行是出版工作中的重要环节,做好出版物发行工作,才能将出版物更好地推广给消费者。

出版物发行环节处于出版物的编辑生产环节之后,后续就直接连接着出版物的消费,通过出版物的发行实现了出版物从编辑印刷领域向消费领域转移的商品流通过程。

(二)出版物发行的构成要素

出版物发行的构成要素是由出版物发行主体、客体和消费者构成的。

1. 出版物发行的主体

出版物发行的主体是指从事出版物发行活动的单位或个人。主要包括出版单位和发行单位,这些都统称为出版物发行者。

2. 出版物发行的客体

出版物发行客体是出版物发行主体的作用对象,也就是出版物(包括图书、期刊、报纸、音像制品、电子出版物、互联网出版物)。在我国,按照国家新闻出版署规定,只有经过国家批准的出版单位所公开出版的出版物，才能进入出版物市场，成为合法流通的商品。

3. 出版物消费者

出版物消费者是指购买、租赁、阅读、观赏和使用出版物的单位和个人，是构成出版物市场需求的基本条件，是发行活动产生和发展的原动力。满足消费者需要是出版物发行活动的根本目的。

（三）出版物发行在出版工作中的地位

发行是出版工作的重要组成部分，发行是促进出版物生产发展的动力。发行工作能够提高出版物的产量和生产规模，提升出版物的经营效率，提高出版物的流通效率，并且能够让消费者选到更合适的出版物。

同时，发行工作还是沟通出版物生产与消费的桥梁和中介，能够满足消费者多样的精神文化需求，引导消费者正确合理地消费，并能为消费者提供多方位的增值服务。

（四）出版物发行的特点

出版物是发行的客体，出版物是既有物质产品属性又有精神产品属性的特殊商品。因为发行的对象是出版物，出版物本身有定价，而消费者消费的是出版物的内容，是文化，所以发行既有经济属性，又有文化宣传属性。出版物发行工作既是经济活动，又是提高消费者精神文明的重要活动。因此发行工作必须坚持为人民服务、为社会主义服务的方向，实现社会效益和经济效益的最佳结合。

二、出版物发行过程的主要环节

出版物发行可以分为三个环节：总发行（初始环节）、批发（中间环节）和零售（最终环节）。

（一）总发行

总发行是指出版物总发行单位统一包销出版物，是出版物发行活动的初始环节。

一种出版物的总发行权只能由一个单位拥有，总发行的销货对象是从批发单位到大型零售单位再到消费者，总发行的销售形式有批发和零售。

（二）批发

出版物批发是批量销售出版物，一般指拥有出版物所有权的一方（出版单位或其他总发行单位）向出版物的其他经营商批量销售出版物的活动。

批发的销货对象一般是其他的批发者和零售商；销售方式具有批量性，即批量销售；销售方必须给购货方一定的发行折扣额；出版物批发活动使出版物从生产领域进入流通领域，起到了组织和调动出版物流通的作用。

（三）零售

零售是出版物经营者直接向消费者销售出版物的方式。

销售对象只是消费者；销售量可多可少；通常按出版物定价销售，在某些情况下，可以向消费者让利；零售也可以通过网络进行。

三、出版物的购销形式

出版物的购销形式是指出版物经营单位之间转移出版物所有权的方式。目前我国出版物的主要购销形式有包销、经销、经销包退、寄销四种。

（一）包销

包销是由具有出版物总发行权的发行单位向出版单位总体承包出版物专有销售权的一种购销形式。该方式只用于出版单位与总发行单位之间。

操作程序如下。

①委托：出版物的总发行委托给具备总发行资格的包销者。

②征订：包销者征订出版物。

③生产：出版单位根据订数安排出版物生产数量。

④销售：出版物印制完成后按合同数量交给包销者销售；出版单位可以留少量出版物自行零售。

⑤结算：按协议约定双方结算货款。

（二）经销

经销是发行单位按照双方签订的合同向出版物所有者进货并进行销售的方式，是一种不退货的购销形式。

操作程序如下。

①出版单位向各发行单位征求出版物订购数量。

②根据发行单位的订数进行发货。

③各发行单位销售各自订购的出版物。

④按协议约定结算货款。

注意，在经销的模式中，未销出的出版物不退货，经销也适用于出版物发行者之间。

（三）经销包退

经销包退是从经销的方式上演变而来的，一般是发行单位按订货数量向出版物所有者进货进行销售，未售出的出版物可以退货。

其特点是：从经销的方式变化而来；总发行单位及操作程序均与经销相同；发行单位可将未销完的出版物全部或者部分退货；是我国当前较通行的出版物购销形式之一。

（四）寄销

出版物所有者将出版物以寄卖方式委托发行单位销售的购销形式。

操作程序如下。

①出版物所有者按合同约定的时间和数量向各发行单位发货。

②出版物在各发行单位销售。

③根据实际销售数量结算，未售出的出版物能够退回。

寄销的模式中出版物所有权暂时不转移，受委托方只是代委托方销售，出版物售出后才转移所有权。

四、职业道德

（一）职业

职业是由社会分工形成的具有特定专业和专门职责，能为从业者带来一定利益的工作。

（二）职业特征

1. 职业的社会性

职业是人类在劳动过程中的分工现象，这种劳动过程中结成的人与人之间的关系无疑是社会性的。

2. 职业的规范性

职业的规范性包括两个方面，一方面是每种职业内部的操作规范要求，另一方面是职业的伦理范畴的规范性，也就是职业道德。

3. 职业的经济性

职业作为人们谋生的劳动过程，既要满足社会的需要，也要与个人经济结合起来。

4. 职业的时代性

不同的时代会产生不同的职业，并且对职业的要求也会因为时代的变化、技术的变化等因素而不同。

（三）职业道德

职业道德一般是指在特定的职业活动中应遵循的、体现一定职业特征和保持职业定位的职业行为准则和规范。不同职业的从业人员在特定的职业活动中有不同的职业道德要求和标准。它也是社会道德规范与职业活动相结合的产物。

（四）职业道德的特点

1. 职业道德的稳定性和连续性

职业道德所反映的本职业的要求和特点是在职业实践中长期总结形成的，在一定时间内具有稳定性和连续性。

2. 职业道德的专业性

职业道德的适用范围是某一特定的职业，适应一个职业的职业道德准则对于从事其他职业的人并不适用。

3. 职业道德的多样性

职业道德是某一特定职业的行为规范和道德准则，所以有多少职业就有多少职业道德。

(五)职业道德的基本内容

在《公民道德建设实施纲要》中指出,"职业道德的基本内容是爱岗敬业、诚实守信、办事公道、服务群众、奉献社会"。

爱岗敬业反映的是从业人员要热爱自己的工作岗位。诚实守信是指从业者在职业活动中应该诚实劳动,信守承诺。办事公道则要求从业人员在职业活动中做到公平、公正,不谋私利。服务群众要求在职业活动中一切从群众的利益出发。奉献社会就是从业人员积极自觉地在工作岗位上为社会做贡献的职业精神。

(六)出版物发行人员职业道德守则

自觉遵纪守法,坚持"二为"方针;追求优质高效,全力奉献精品;崇尚爱岗敬业,提倡自重自尊;注意勤俭办店,实行规范经营;讲究文明服务,交易公正平等;重视客户利益,言行诚实守信;努力钻研业务,工作精益求精;学习现代科技,勇于开拓创新。

第四节 网上书店

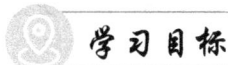

- 了解电子商务的概念
- 了解网上书店的特点
- 掌握运用高级搜索功能搜索出版物

网上书店是近几年出现的发行新模式,也是传播出版信息和提供销售服务的一种新型零售业态。与传统书店比较,网上书店具有无须实体店铺和营业时间无限制的特点,读者能够足不出户购买出版物,同时网上书店的搜索功能也能够更快地帮助读者找到需要的出版物,这是网上书店重要的辅助功能之一。

一、什么是电子商务

世界电子商务的起源可以追溯到 20 世纪 70 年代电子数据交换(Electronic Data Interchange,EDI)技术的开发。到 20 世纪 80 年代,在计算机技术的快速发展和全球贸易的发展下,EDI 的发展更加成熟,逐步形成全球无纸化贸易的热潮。

电子商务（Electronic Commerce，EC），是指交易双方利用现代信息技术和网络技术，以商品交换为中心的商务活动。

电子商务的范围非常广泛，而且与我们的生活息息相关，包括消费者的网上购物、商户之间的网上交易以及在线电子支付，可以说电子商务已经在各种商务活动、交易活动、金融活动以及相关的综合服务活动中得到了运用。

现今在计算机技术和网络技术日新月异的发展下，电子商务已经成了我们商务活动和生活服务中不可或缺的一部分，涌现出了越来越多的电子商务平台。人们的消费习惯在改变，越来越多的人加入了电子商务贸易中。不仅是进行电子商务的购物，而且有更多的人进行着电子商务的创业活动，电子商务也进入了各行各业，进一步推动了电子商务的发展。

二、网上书店认知

（一）网上书店的概念

网上书店是实体书店发展的新模式，是在互联网开设的在线销售出版物的网上商店。当然，随着网上书店的发展，网上书店的销售范围也在扩大，包括杂志、音像制品、电子书等。

网上书店也具有更多的功能：商品管理、订单管理、会员管理、物流管理等。网上书店能够在前台更全面地展示图书的信息，在后台实时管理、更新书籍，能够更好地维护消费者信息，提供了更多元化更高效率的功能。

（二）网上书店的特点

因为网上书店是一个网站，所以它有独特的售书方式和功能。

①在网上书店买书，可以查到所买图书的更多信息。

②网上书店有会员功能，消费者注册会员后，可以根据今后累计的消费额度升级，不同的会员可以享有不同的折扣和定制服务。一般包括：普通会员、高级会员、金牌会员等。

③支付方式多样化，一般网上书店都有三种类型的支付方式：网上银行付款、支付宝付款、微信付款方式。网上银行付款方式一般只要具有银联标志的银行卡都可以支付。

三、网上书店的优势

网上书店虽然诞生的时间不久，但是给消费者提供了更便捷的购买方式，更好的服务体验。如今越来越多的企业都开设了网上书店，网上书店也给传统出版发行行业和实体书店造成了一定的冲击。与传统书店相较，网上书店具有以下方面的优势。

1. 全天候营业，无时空限制

网上书店因为开设在网络，可以达到 7×24 小时不间断服务，只要读者想查询搜索图书或者进行购买，随时都可以输入网上书店的网址，并进行登录，挑选自己想要的读物。而传统实体书店，一般每天固定时间营业，营业结束之后消费者就无法购买。同时，因为网络没有地域的限制，消费者只要能联网，就能购买全世界的图书，坐在家中等物流送到就可以了。

2. 无须实体店铺

网上书店一般只需要自己架设服务器或者租用网络服务空间即可，甚至小的企业还可以租用其他网上商城的平台开设网上书店，所以经营不需要实体店铺，这种优势在实体书店面前也是显而易见的，没有店铺就意味着省去了很多店面的租金成本。

3. 出版物种类丰富，上架时间更长

网上书店不仅能够销售传统类型的出版物，还可以更便捷地销售电子出版物、互联网出版物，消费者只要支付之后进行下载，马上就可以在手机或阅读器上进行阅读。同时，因为网上书店不受书架和陈列面积的限制，理论上可以无限拓展自己的销售品种，网上书店的容量可以说比传统的实体书店大十几倍甚至几十倍。虽然网上书店种类繁多，但是网上书店提供了非常方便的搜索和查找功能，读者可以通过搜索界面轻松地找到一本书，在网上找书反而更方便。

另外，由于在网上没有货架空间的限制，所以很多出版时间比较久远的书也能在网上书店找到。而实体书店却因为店面陈列的限制，要及时对图书进行上架下架处理，时间久一点的书一旦下架了读者就很难买到。

4. 消费者购买便捷且有互动

消费者在网上书店购书完全可以做到足不出户，手机、计算机下单，购买的图书就可以送上门了。同时，网上书店还开发了电子书的试读功能，消费者可以在网上试读部分章节内容，可以更了解图书。同时，网上还有评论区、论坛等能够与读者互动的模块，通过论坛，出版社、编辑、作者可以及时了解读者的需求，可以进行更多的互动，通过评论区，读者也可以在购买前提前知道其他读者购买后的体验。

5. 提供了增值服务

网上书店除了作为一个购书的平台，还能够给读者提供增值服务，读者在购书的同时，网页的侧边栏或者推荐栏可以给读者提供其他相关出版物的推送。在读者购买书籍后，网上书店也可以通过读者购买的出版物的信息进行数据分析，能够比较精准地给读者推送同类作者的作品或者同类型的出版物，利用网络的优势给读者第一时间提供了信息。另外，网上书店因为有了读者的信息，如果相关作者进行一些线下活动或者签名售书等活动，都能够及时地通过邮件、信息等推送给读者，不仅第一时间通知了读者，更拉近了与读者的距离，给读者提供了更多的增值服务。

6. 购书一般都有折扣

目前网上书店销售的图书一般都在定价的基础上或多或少地打一定的折扣进行销售，这点是实体书店一般不具有的。

四、网上书店的搜索功能

进入网上书店，我们应该熟悉的操作是网上书店的搜索功能（图 2-7），只有灵活运用了搜索功能，才能找到需要的出版物，才能更好地在网上书店里遨游。

（一）简单搜索功能

第一步，打开网上书店的主页。

第二步，在网上书店的主页找到搜索栏。

第三步，输入需要查找的图书书名。

第四步，在跳出来的页面中找到所要购买的图书。

（二）高级搜索功能

高级搜索功能里面提供了很多选项，主要包括：书名、作者/译者、关键词、出版社、ISBN。不仅支持精确搜索，也支持模糊搜索。同时，很多网上书店还增加了图书的包装形式、价格区间以及图书折扣等更细致的搜索信息，消费者能够非常快速而且准确地搜索出需要的出版物。

图 2-7 网上书店搜索页面

技能要求

操作步骤：

（1）打开软件，进入首页面（九大模块）（图2-8），使用右手手柄⑦（扳机键）的射线点击百科知识问答的图标按钮，进入发行百科知识问答模块。

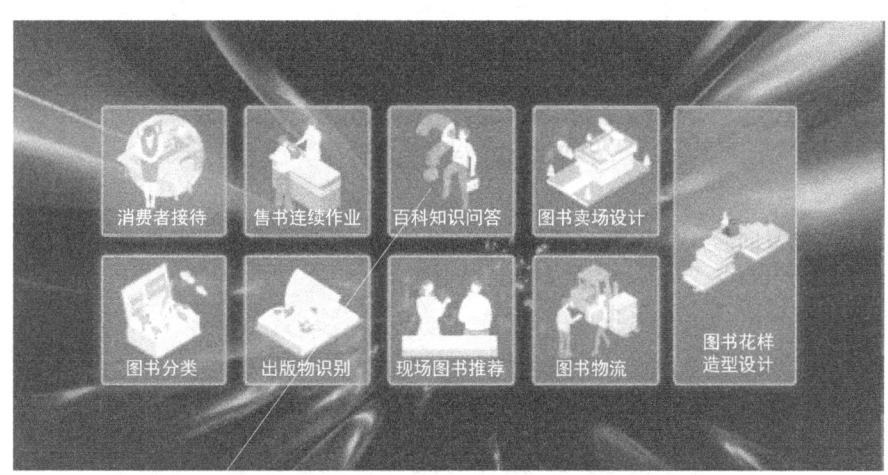

图2-8　首页模式

（2）使用右手手柄⑦（扳机键）的射线点击单人体验，进入单人模式（图2-9）。

图2-9　单人模式

（3）使用右手手柄⑦（扳机键）的射线点击宝箱（图2-10），弹出问题，点击题目选项锦囊，手柄拖住锦囊，将锦囊拖进宝箱，完成问题回答。

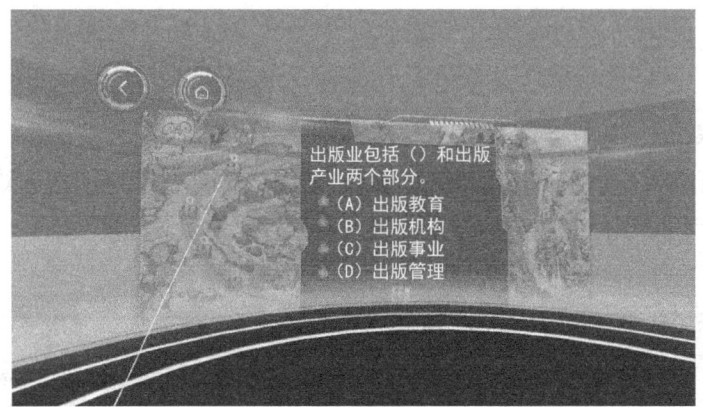

图 2-10　百科知识问答

（4）完成题目后，使用右手手柄⑦（扳机键）的射线点击返回按钮（图 2-11），返回上一级。

图 2-11　点击返回按钮

（5）使用右手手柄⑦（扳机键）的射线点击多人竞技（图 2-12），进入多人答题场景。

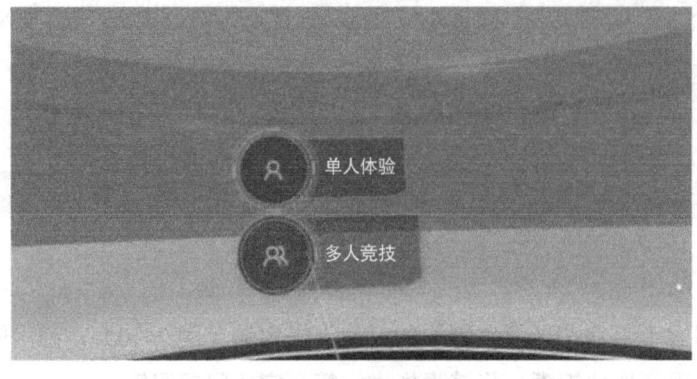

图 2-12　多人答题

（6）根据提示，使用右手手柄⑦（扳机键）的射线点击抢答按钮抢答，抢到答题机会后，使用右手手柄扳机键的射线点击选择题目选项（图2-13），点击确认按钮抢答。

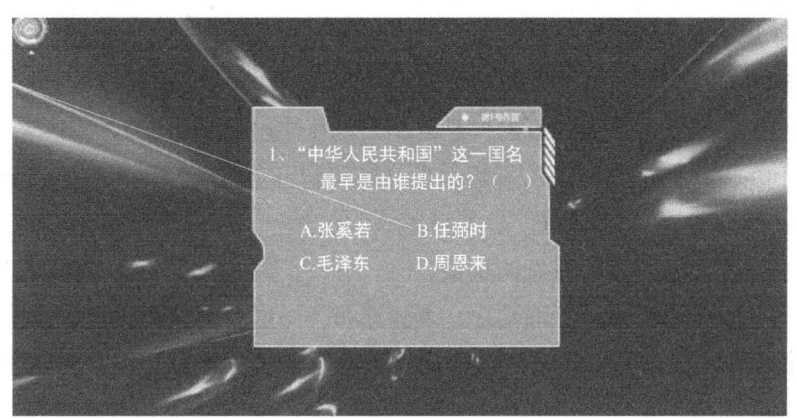

图 2-13　抢答

（7）抢答完成后查看得分，使用右手手柄⑦（扳机键）的射线点击返回主界面按钮（图2-14），返回主界面。

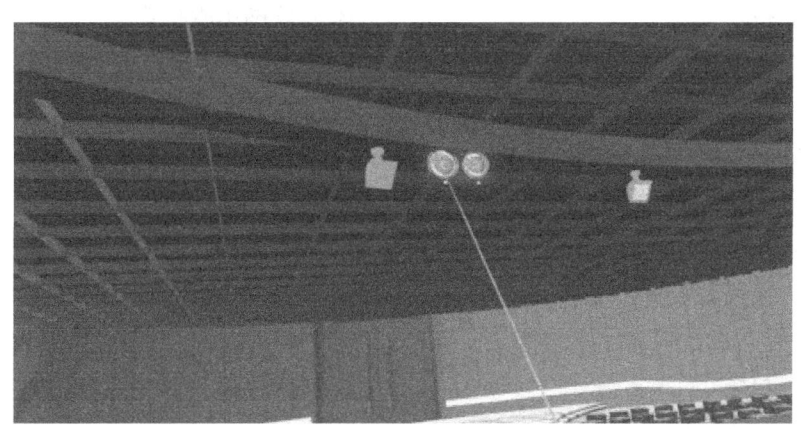

图 2-14　返回主界面

章节测试

一、填空题

1. 出版活动由＿＿＿＿＿＿、＿＿＿＿＿＿、＿＿＿＿＿＿三个要素构成。

2. 出版物发行是指出版单位通过＿＿＿＿＿＿将出版物传送给消费者的活动。

3. 发行是沟通出版物_____与_____的桥梁和中介。

4. 电子商务通常是指交易双方利用_____和_____，以_____为中心的商务活动。

5. 职业道德的特点是_____、_____、_____和_____。

二、判断题

6. 不经过编辑、不需要发行的作品复制，也算作出版活动。（　　）

7. 书刊的开本是书刊幅面的规格大小，以印刷用全张纸为计算单位，一张全张纸裁切成多少张，就叫多少开。（　　）

8. 纸张的克重数是指每张纸的重量。（　　）

9. 双胶纸又称胶版纸，纸面洁白，表面涂布了一层白色浆料。（　　）

10. 出版物发行人员职业道德守则是出版物发行从业人员必须共同遵守的职业准则。（　　）

三、单项选择题

11. 所谓出版，是指将作品编辑加工后，经过（　　）向公众发行或传播。
    A. 处理　　　　B. 排版　　　　C. 复制　　　　D. 打印

12. 下列单位中，（　　）不是出版业的组成部分。
    A. 报社　　　　　　　　　　　B. 互联网出版机构
    C. 造纸厂　　　　　　　　　　D. 出版教育机构

13. 以下哪个不是出版物常用的纸张类型？（　　）
    A. 轻型纸　　　B. 铅画纸　　　C. 双胶纸　　　D. 字典纸

14. 以下关于报纸的特点，不正确的是（　　）。
    A. 报纸的内容时效性强　　　　B. 报纸是按版面编排的
    C. 报纸需要装订成册　　　　　D. 报纸的出版周期比较短

15. 出版物的购销形式不包括（　　）。
    A. 包销　　　　　　　　　　　B. 经销包退
    C. 折价销售　　　　　　　　　D. 寄销

16. 以下哪个不是出版物发行的环节？（　　）
    A. 零售　　　　　　　　　　　B. 订阅
    C. 批发　　　　　　　　　　　D. 总发行

17. 出版物发行人员职业道德守则的内容不包括（　　）。
    A. 自觉遵纪守法，坚持"二为"方针
    B. 崇尚爱岗敬业，提倡自重自尊
    C. 努力钻研业务，工作精益求精
    D. 创造特色产品，服务特殊需求

四、操作题

18. 通过高级搜索功能，在网上书店精确查找一本书，该图书信息为：

书名：《茶花女》

作者：（法）小仲马著，王振孙译

出版社：上海译文出版社

书号：9787532751235

第三章
出版物识别

出版物识别是出版物发行活动管理的重要内容，是出版发行工作人员必须掌握的技术技能。本章将从出版物识别的范围、出版物识别的方法以及近年来出现的相关案例进行分析阐述。

第一节　出版物识别范围

- 掌握非法出版物、违禁出版物、侵权出版物的含义
- 熟悉非法出版物、违禁出版物的表现形式

一、非法出版物

非法出版物的定义：未经批准擅自出版、印刷或者复制的出版物，伪造、假冒出版单位或者报刊名称出版的出版物以及非法进口的出版物。

非法出版物出现的形式很多，通常包含以下多种情况，比如出版单位信息为虚假信息，盗用国家批准的出版单位名义印制的出版物；盗印、盗制合法出版物并在社会上公开发行销售的；在社会上公开发行而不署名出版单位或署名非出版单位的；印刷机构违背出版合约，私自增加印刷量、加印的出版物；不法分子冒用已经注销的出版机构进行出版物的出版，以买卖书号、刊号印制发行的出版物等。

根据《关于审理非法出版物刑事案件具体应用法律若干问题的解释》第十一条：

违反国家规定，出版、印刷、复制、发行本解释第一条至第十条规定以外的其他严重危害社会秩序和扰乱市场秩序的非法出版物，情节严重的，依照刑法第二百二十五条规定，以非法经营罪定罪处罚。

二、违禁出版物

违禁出版物是指含有《出版管理条例》和国家有关规定禁止内容的出版物。通常包括以下情况：反对宪法确定的基本原则的；危害国家统一、主权和领土完整的；泄露国家秘密、危害国家安全或者损害国家荣誉和利益的；煽动民族仇恨、民族歧视，破坏民族团结，或者侵害民族风俗、习惯的；宣扬邪教、迷信的；扰乱社会秩序，破坏社会稳定的；宣扬淫秽、赌博、暴力或者教唆犯罪的；侮辱或者诽谤他人，侵害他人合法权益的；危害社会公德或者民族优秀文化传统的；有法律、行政法规和国家规定禁止的其他内容的；青少年读物中包含有诱发他人违法犯罪行为的内容以及违反社会公序良俗的行为的；以未成年人为对象的出版物含有恐怖、残酷等妨害未成年人身心健康的内容；攻击中国共产党，诋毁中华人民共和国政府、丑化人民军队的。

根据《出版物市场管理规定》发行违禁出版物的，依照《出版管理条例》第六十二条处罚。发行国家新闻出版广电总局禁止进口的出版物，或者发行未从依法批准的出版物进口经营单位进货的进口出版物，依照《出版管理条例》第六十三条处罚。发行其他非法出版物和出版行政主管部门明令禁止出版、印刷或者复制、发行的出版物的，依照《出版管理条例》第六十五条处罚。发行违禁出版物或者非法出版物的，当事人对其来源做出说明、指认，经查证属实的，没收出版物和非法所得，可以减轻或免除其他行政处罚。

三、侵权出版物

侵权出版物是违反了《中华人民共和国著作权法》等相关法律法规出版的侵犯他人著作权或专有出版权的出版物。

对于出版物侵权所承担的责任主要有以下几个方面：出版物侵犯他人著作权是需要承担民事赔偿责任的。侵害者必须依据其所犯的过错、侵权程度及损害后果等承担相应赔偿。依据《中华人民共和国著作权法》，出版者对其出版行为的授权、稿件来源和署名、所编辑出版物的内容等应该尽到合理注意义务；侵犯著作权或者著作权相关权利的情况，侵权人应当按照权利人的实际损失给予一定赔偿；如果其实际损失无法量化，也可以参照侵权行为人的违法所得给予权利人赔偿。赔偿数额还包括权利人在维权过程中所承担的必要费用。如果权利人的实际损失或者侵权人的违法所得款项均无法量化，则由当地人民法院根据具体情况，判决给予50万元人民币以下赔偿；出版者履行了合理注意义务，著作权人也无证据证明出版者应当知道其出版涉及侵权的，依《中华人民共和国民法通则》相关规定，出版者必须停止侵权、返还其侵权所得利润；出版者所尽合理注意义务的情况，由出版者承担举证责任。

第二节　出版物识别的方法

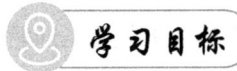

- 能通过出版物信息辨别非法、违禁、侵权图书、报刊、音像制品等
- 了解非法、违禁、侵权出版物的危害性
- 识别各类非法、违禁、侵权出版物

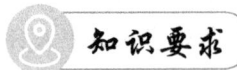

一、图书识别

（一）从图书和刊物的封面及插图进行识别

非法刊物经常在其封面上刻意显示目录，甚至用目录替代书名，有的目录的字体大于刊名；有的刊物的期、卷号印制得模糊不清，用来浑水摸鱼。新闻出版署规定严禁用色情、凶杀等不健康文字、图片诱导消费者，而黄色书刊的封面大多刊有淫秽、凶杀等刺激性画面；一般非法刊物的插图往往也充斥着这类不健康的画面。识别人员可以根据这些信息进行判定。

（二）从图书的版权页进行识别

第一，从图书的版权页可以判断其项目是否符合规定，著录是否准确、完整。20世纪90年代之后出版的图书，版权页（或扉页上）未印出版社重新登记证号的，均为非法出版物。第二，可由出版社社名进行判断，非法出版物的版本记录，往往盗用不知名的出版机构或已撤销出版机构的名义，还有甚者编造出版单位名称。第三，观察其是否标明印刷单位。正规出版物的印刷单位多是省级定点印刷公司，非法出版物往往由一些地下印刷厂承印，因此一般不标明印刷单位。第四，从总发行（总经销）单位进行判断。正规刊物一般以某个邮局为总发行单位，而非法刊物则不标出邮局发行字样。正规出版物一般由省级新华书店进行发行，有的非法出版物只标识"新华书店发行"，却不明确标出是哪家新华书店，企图浑水摸鱼。

（三）从图书的标准书号进行识别

识别者可核对标准书号的排列、编制是否符合标准书号的规范进行判定，其出版者前缀或地区书籍代号是否正确，校验码是否有误，图书分类编号与该书的内容是否匹配，书号数码是否存在多一位、少一位等编码错误迹象。

（四）从图书的书刊征订发行委托书进行识别

国家新闻出版署规定，出版机构委托批发企业进行书刊征订发行的，其必须使用新闻出版署统一印制的书刊征订发行委托书。因此零售书商一定要引起警惕，对推销的批发商家，必须要查看其推广的图书有无出版单位签发的委托书，如果缺少委托书的，可以判定其为非法经营活动。

（五）从图书的新书征订单进行识别

正规出版社和新华书店一般使用"新书征订单"或书报目录进行图书征订，征订单会盖有新华书店的公司印章。而非法出版物的销售者经常采用单页订单形式散发和征求订数。消费者必须查看核对印发征订单的书店是否具有总发行、总经销或二级批发的批发许可证，以此判断其发货渠道是否合法。并且还能从图书的价格和发货的折扣进行判断，明显低于市场价格的图书也可能是非法出版物。

（六）从图书的纸质及印装质量进行识别

图书的纸质和印刷质量是很直观的判定元素，现在有的盗版书虽然封面色彩鲜艳，有的甚至还印有防伪标记，初看和正版书没有区别。但如果仔细查看，还是能够看出很多的问题：一是印刷质量低劣、版心不正、错别字多，透印、粘脏现象普遍；二是纸张发黄陈旧或者特别轻薄；三是油墨着色不均匀；四是装订质量不过关，经常会出现短页、刀花、连刀页的现象，由于订口不牢，有些书的封面与整个书芯会出现脱落的现象。

（七）从卖书人及售价进行识别

由于怕被有关部门查抄，盗版书经常会以推小车、摆地摊、网络销售的形式出现。由于盗版书从纸张、排版到印刷，都使用劣质的生产线，还不付作者的稿酬和国家规定的税收，因此成本远远低于正规的出版物，其售价能低于正版图书的50%之多，因此特别低价的图书往往也是非法出版物。

（八）寄往出版单位核对

当不能判定其是否为非法出版物的时候，也可以将图书寄往出版单位。

二、识别非法报刊

（一）查看中国标准连续出版物号（刊号）

刊号是国家出版行政部门批准注册的出版者所出版的每一种连续出版物的代码标识。它由国际标准连续出版物号（ISSN）和国内统一连续出版物号（CN）两部分组成。《中国标准连续出版物号》标准发布之前，连续出版物使用的是"中国标准刊号"，习惯上称"刊号"。

（二）通过权威渠道鉴别

比如，国家新闻出版广电总局网站、中国知网、扫黄打非网、中国记者网等。

（三）寄往其标注的出版单位甄别

三、识别非法音像制品

（一）从包装和彩封进行识别

非法音像制品，其外包装的制作、印刷粗陋，塑料包装粘贴不紧，较易脱落，彩封颜色偏色，字迹不清晰或有双影等。

（二）从价格进行识别

由于非法音像制品成本低，因此其售价远低于正版商品。

（三）从防伪标识进行识别

非法音像制品一般不加贴防伪标识。

（四）从标准音像制品编码进行识别

非法音像制品其外包装和光盘上经常找不到中国标准音像制品编码。

（五）查看光盘来源识别码（SID 码）

我国复制加工的激光数码储存片的内圈表面上都压制有一组 SID 码，SID 码是全世界通用码，凡是非法光盘，SID 码是小路连号，写作英文字母（ifpi），字母顶上有一道弧线，后三位是阿拉伯数字。

（六）查看音像出版单位进行识别

未标明音像出版单位的音像制品一定是非法音像制品；标明非音像出版单位出版的音像制品一定是非法音像制品；伪造不存在的音像出版单位出版的音像制品一定是非法音像制品；另外，超出其出版范围的出版机构出版的音像制品也属于非法音像制品。

（七）寄往其标注的出版单位甄别

另外，对于进口音像制品，可以采取以下方法进行识别。

一是查看凡是"打孔""锯口"的国外音像制成品一定是非法音像制品。

二是凡没有同时加贴"音像制品防伪标识"（进口音像制成品一律加贴 A—Ⅲ号段的防伪标识）以及"中国图书进出口总公司"防伪标识的外国音像制品，一定是非法音像制品。

三是凡封面上有"中国图书进出口总公司总经销""中国图书进出口总公司某某分公司进口""中国图书进出口某某分公司总经销"字样的进口音像制成品，一定是非法音像制品。

四是进口的录像制品中标识"中国图书进出口总公司"，那就肯定是非法音像制品。

四、非法电子出版物识别

非法电子出版物的识别主要关注以下情况。

假冒出版单位或出版物名称的；缺少专用标准书号、刊号及条形码的；包含新闻出版总署禁载内容的；未经相关部门批准出版、进口的；侵犯他人著作权的；光盘没有标明来源识别码的；未经教育部门审定的中小学生教材。

第三节　常见非法出版的类型及案例分析

学习目标

- 进一步理解非法出版物给社会经济、文化带来的危害
- 重点熟悉教材教辅等市场的非法出版物情况

案例 1：Z 省破获一起特大非法制售小学生教辅案件

2021 年 4 月，接群众举报，某市公安局联合文化广电旅游局破获一起特大非法制售小学生教辅案件。当场查获涉案图书 5600 册，后又在犯罪嫌疑人仓库查获 30137 册涉嫌非法出版物，经鉴定以上图书皆为非法出版物。

据调查，2018 年 6—7 月起，犯罪嫌疑人蔡某某认为教辅材料生意较好，在未取得出版物经营许可的情况下招募无教师从业经验的黄某某等人为员工，参与编写小学一年级至六年级语文、数学《专项训练》《课堂笔记》等教辅图书，编写完毕后通过联系义乌、无锡等地印刷中间商进行教辅材料的印刷，中间商将教辅资料的印刷订单接下后转交印刷公司，印刷完毕后交于蔡某某通过淘宝、天猫等平台进行运营销售。已查明非法出版物已达 70 万余册，涉案金额初步达 160 万余元。现该案已逮捕 4 人、刑事拘留 1 人、取保候审 5 人。

【**案件分析**】教材教辅图书作为学生必备或常备学习用书，不法分子为了谋求暴利，招募无教师从业经验人员粗制滥造教辅读物，误人子弟。教辅读物在书店销售份额经常占到 50% 以上，由于其销售码洋高，因此各家出版社、印刷企业和各种发行渠道都非常重视教辅读物的销售情况。然而正是基于以上原因，五花八门的盗版盗印等违法违规经营活动也油然而生，而且屡禁不止，导致非法教材教辅图书一直有生存的空间，成为出版物扫黄打非工作中最棘手的问题。教材教辅图书的非法出版在伤害广大师生、家长利益的同时，还"劣币驱逐良币"，让认真合法经营的企业面临恶性的市场竞争。

教辅图书的读者对象多为青少年，非法出版物大多没有审稿和校对，大范围存在错别字，对学生造成误导；制作上一般会采取相机翻拍的形式，导致图书字迹不清、重影，而劣质的印刷质量容易造成视觉疲劳，影响视力，危害青少年的身心健康。不少看似华丽鲜艳的盗版图画书中，可能重金属超标，如铅等，它会通过学生的口腔、双手，直接进入人体，严重危害健康。

中国环境科学学会委托清华大学环境质量检测中心所做的检测表明：部分非法出版物比同类图书的铅含量高出了 100 倍之多；很多书商为了降低成本，采用了不合格的纸张、油墨和胶水等，均会对青少年身心健康造成不良影响。

案例 2：H 省某市审结一起非法印刷出版物案

H 省某市中级人民法院于 2017 年受理了一起非法印刷出版物案件。被告人冯某某、张某、仲某分别处以有期徒刑七年、五年、六年，并处以 12 万元到 7 万元的罚金。此案件是全国"扫黄打非"办公室转办的案件，接到案件线索后，某市成立"7·09"案专案组，先后到郑州、北京、天津、廊坊、沈阳、长春等多地调查取证。

经查，2017 年 12 月至 2018 年 10 月，冯某某、仲某承接印刷、装订图书达 28 万册，价值人民币近 100 万元，其中非法出版物 1.7 万册。自 2018 年末以来，涉案者三人在未办理相关证件的情况下，雇用工人印刷、装订图书，共计非法印刷、装订图书 96 万余册，其中《红白喜事实用全书》等 172 种非法出版物共计 68 万余册，价值人民币 3068 万余元。2019 年 8 月，在张某森业印刷厂查获非法书籍《梦想导师·小学低年级段》近 4000 册，经河南省新闻出版局对图书实物鉴定，认定为图书类非法出版物，价值人民币近 12 万元。2020 年 10 月，某县人民法院作出一审判决。此后，H 省某市中级人民法院审理查明的事实与原判一致，维持原判。

【案件分析】犯罪人以营利为目的，未经著作权人及享有专有出版权的出版社许可，复制发行其文字作品和享有专有出版权的图书，其行为已构成侵犯著作权罪。案件违反了《印刷业管理条例》《中华人民共和国著作权法》《中华人民共和国刑法》等规定，相关犯罪嫌疑人所涉问题严重，性质较为恶劣，涉嫌构成刑事犯罪，必须依法追究刑事责任。根据我国《出版管理条例》第六十一条规定：未经批准，擅自设立出版物的出版、印刷或者复制、进口、发行单位，或者擅自从事出版物的出版、印刷或者复制、进口、发行业务，假冒出版单位名称或者伪造、假冒报纸、期刊名称出版出版物的，由出版行政主管部门、工商行政管理部门依照法定职权予以取缔；依照刑法关于非法经营罪的规定，依法追究刑事责任。

案例 3：S 市审判一起侵犯著作权案

2021 年 10 月，S 市 C 区人民法院判决一起侵犯著作权案。该案被列入 2021 年全国"扫黄打非"挂牌督办案件。经审判，被告人马某某、朱某犯侵犯著作权罪，分别判处 3 年 2 个月有期徒刑、3 年 4 个月有期徒刑，并分别处罚金人民币 5 万元，没收违法所得 35000 元。

经查，2017 年至 2021 年 3 月，马某某、朱某以营利为目的，从各地购进大量盗版光碟进行批发零售，2020 年 6 月至 11 月起，未经著作权人许可，购买视听母盘、刻录机、空白 U 盘，自行刻录影视剧、歌曲等，销售给多省地工商户，数量达数万份。2021 年 3 月 9 日，现场查获山歌类 U 盘 5510 个、山歌类光盘 112994 张、歌曲类 U

盘 6139 个、歌曲类光盘 34468 张、影视类 U 盘 4602 个、影视类光盘 123598 张，经鉴定，以上出版物属非法出版物。

【案例分析】被告人以营利为目的，未经著作权人同意，大量复制出版物进行销售，且涉及出版物数量较大，情节严重，是近年来 S 市查获最大的一起侵犯著作权案件。这起案件的侦破，对该地区的知识产权市场，会起到一个很好的保护作用，使我们的知识产权能够得到有力有效保护。由于法律意识的淡薄和高额利润的诱惑，很多不法分子铤而走险，且该类案件逐渐呈现案件量大、团队化作案等态势，一旦构成犯罪则将面临严厉的刑事处罚。

技能要求

操作步骤：

（1）打开软件，进入首页面（九大模块），使用右手手柄⑦（扳机键）的射线点击出版物识别的图标按钮，进入出版物识别模块（图 3-1）。

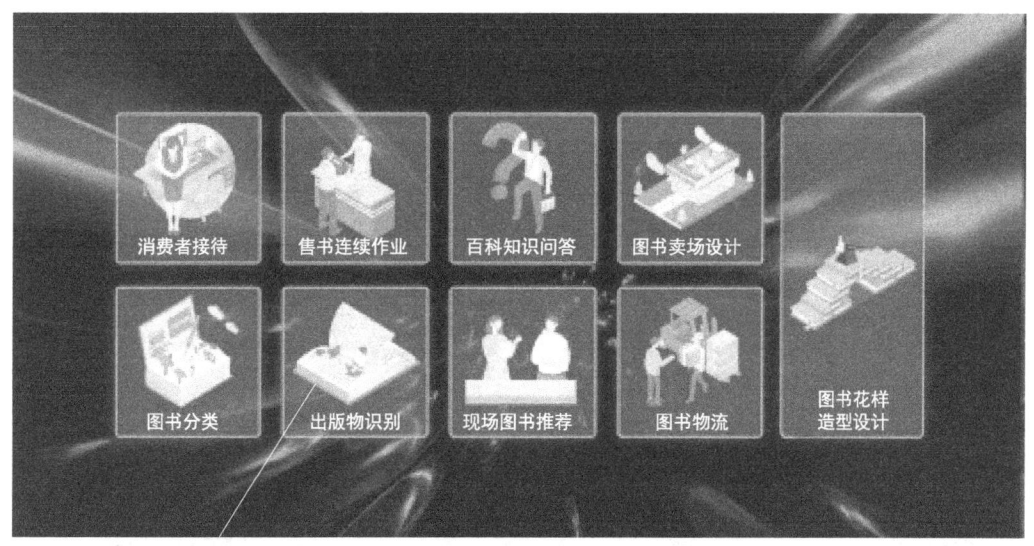

图 3-1　出版物识别模块

（2）场景选择，共有五大场景按钮，使用右手手柄扳机键的射线点击第一个图标按钮"书城"（图 3-2），进入相应场景中。

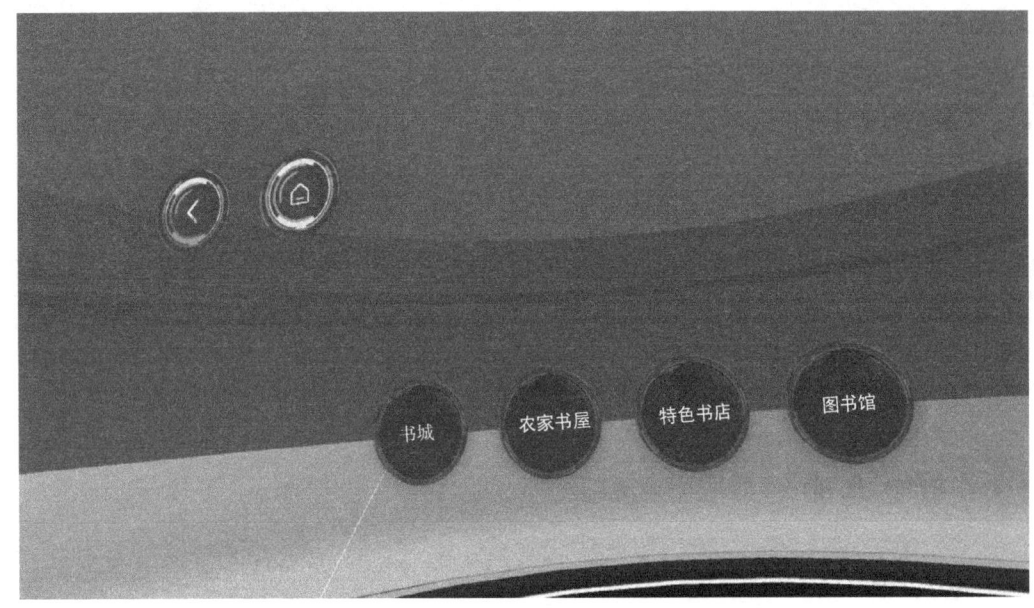

图 3-2 书城场景

（3）模式选择：使用右手手柄扳机键的射线点击单人体验的图标按钮进入三维虚拟场景（图 3-3），出现提示：对图书进行识别，使用左手手柄的②（触控板）点击地面进行场景移动到书架前，转动头盔可移动视角（图 3-4）。

图 3-3 单人模式场景

图 3-4 转动头盔视角

（4）使用左手手柄的②（触控板）进行场景移动到书架前，选择一本书籍，如《耶路撒冷三千年》，用右手手柄触碰到书籍，按下右手手柄⑧（侧键）拿起书。使用左手手柄的②（触控板）进行场景移动到书架前（图 3-5）。

图 3-5 书架前选择书籍

（5）点击右手手柄⑧（侧键），放下书籍，书籍可放在书筐对面的书桌上，使用左手手柄的②（触控板）的左右键进行翻阅查看内部文字，从而进行非法的图书识别（图 3-6）。

图 3-6　图书识别

（6）识别完毕后，点击右手手柄⑧（侧键），拿起书籍，使用左手手柄的②（触控板）进行场景移动到鉴别书筐前，点击右手手柄⑧（侧键），放下书籍至书筐中（图 3-7）。

图 3-7　非法图书识别

(7)若盗版图书放置正确,则触发盗版题目考核(图 3-8),使用右手手柄⑦(扳机键)的射线点击选项进行选择,点击提交按钮,回答正确,进行下一本图书识别。

图 3-8　盗版考核

(8)图书识别模块完成,使用右手手柄⑦(扳机键)的射线点击返回主界面按钮,返回至主界面(图 3-9)。

图 3-9　返回主界面

其他四个场景的操作方法同上。

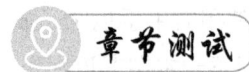

一、判断题

1. 非法出版物就是盗印、盗制合法出版物并在社会上公开发行销售的出版物。（   ）

2. 印刷机构擅自加印、加制的出版物；被明令解散的出版单位成员擅自重印的出版物是非法出版物。（   ）

3. 违禁出版物是指含有《出版管理条例》和国家有关规定禁止内容的出版物。（   ）

4. 违禁出版物就是宣扬邪教迷信的；扰乱社会秩序，破坏社会稳定的出版物。（   ）

5. 以未成年人为对象的出版物含有恐怖、残酷等妨害未成年人身心健康的内容的出版物是违禁出版物。（   ）

6. 通过查看图书的封面、插图和广告就能判断其是否是非法出版物。（   ）

7. 封面色彩艳丽，有防伪标记的一定是正规出版物。（   ）

8. 凡"打孔""锯口"的国外音像成品一定是非法音像制品。（   ）

9. 非法音像制品成本低，售价远低于正版产品。（   ）

10. 当不能判定其是否为非法出版物的时候，也可以将图书寄往出版单位。（   ）

二、单项选择题

11. 非法出版物不包括以下哪种情况？（   ）

    A. 伪称根本不存在的出版单位印制的出版物

    B. 盗用国家批准的出版单位名义印制的出版物

    C. 省级新华书店正式发行

    D. 盗印、盗制合法出版物并在社会上公开发行销售的

12. 违禁出版物包括以下哪种情况？（   ）

    A. 反对宪法确定的基本原则的

    B. 危害国家统一、主权和领土完整的

    C. 泄露国家秘密、危害国家安全或者损害国家荣誉和利益的

    D. 以上都是

13. 识别出版物的方法，不包括（　　）。

   A. 查看封面、插图和广告

   B. 查看版权页

   C. 查看作者信息

   D. 查看图书的纸质及印装质量

14. 识别出版物的方法，包括以下哪些选项？（　　）

   A. 查看标准书号

   B. 查看书刊征订发行委托书

   C. 查看新书征订单

   D. 以上都是

15. 识别非法报刊，包括以下哪些选项？（　　）

   A. 查看中国标准连续出版物号（刊号）

   B. 通过权威渠道鉴别

   C. 寄往其标注的出版单位甄别

   D. 以上都是

三、材料辨析题

16. 天津顺利办结"9·06"非法出版物经营案

日前，天津市司法机关对全国"扫黄打非"办公室、公安部治安管理局、文化和旅游部文化市场综合执法监督局联合挂牌督办的天津武清"9·06"非法出版物经营案依法予以宣判。

2019年9月，根据武清区河西务镇"扫黄打非"基层工作站提供的线索，武清区文化市场行政执法支队对该镇某仓库进行执法检查，现场发现42万余册印制模糊、纸张粗糙的儿童漫画书籍，码洋达1000余万元。经鉴定，上述书籍均为非法出版物。2019年10月，武清区文化市场行政执法支队将案件移送至天津市公安局武清分局予以刑事立案查处。经过一年的深入追查，2020年10月，公安机关在北京市大兴区将主要犯罪嫌疑人宫某某抓获。经讯问，宫某某对其销售非法少儿出版物的事实供认不讳。根据宫某某供述，2020年12月，公安机关在广东省广州市将为宫某某印制非法出版物的犯罪嫌疑人覃某某抓获。

2021年5月，天津市武清区人民法院以非法经营罪，依法判处宫某某有期徒刑4

年6个月，并处罚金人民币50万元；依法判处覃某某有期徒刑4年，并处罚金人民币5万元。

　　试分析非法少儿出版物对社会有哪些危害？如何识别非法少儿出版物？对于肇事者依据何种法律法规进行处置？

第四章 图书分类

　　图书分类是图书馆、情报部门、书目编制和图书发行工作中基础的工作之一,是书店开展图书商品经营管理,做好宣传陈列和为读者提供优质服务的重要手段。图书分类不仅能够有效提高图书管理人员的工作效率,使图书管理工作能够在科学有序的状态下进行,还能够极大方便相关人员进行书目的检索与查找。图书分类工作不仅专业性较强,要求较高,需要相关人员掌握专业的分类知识和图书管理知识,而且在分类过程中要做到严谨仔细,避免问题和错误情况的发生。因此掌握图书分类的概念、作用,了解图书分类法的发展和传承,掌握图书分类的步骤和规则,熟悉并掌握中国图书馆图书分类法,了解中国标准书号、条形码和图书在版编目数据相关知识,才能为高质量地开展图书传播工作打下坚实的基础。

第一节　图书分类概述

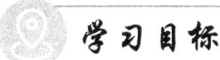

- 了解图书分类的概念
- 了解图书分类的作用
- 了解图书分类法的发展和传承

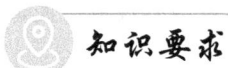

一、图书分类的概念

图书分类是指根据图书内容的学科属性,运用逻辑分类的原则,选择性质相同的书组织起来的一种科学方法。图书分类包括分类和归类两部分。分类，就是根据图书的学科内容把相同的放在一起，相近的联系在一起，不同的区分开。归类，就是根据图书的内容把它归到分类体系中去。分类的"类"，是指具有共同属性的一组图书，一个"类"就是一个主题。

二、图书分类的作用

图书馆和书店进行图书分类，主要有以下作用。

（一）便于读者和消费者选择图书

各种图书本身存在知识门类上的差异，反映不同的学科内容。对于读者和消费者来说，由于各自工作、学习、生活和爱好的不同，对图书的需求也各不相同。对图书进行分类，使品种众多的图书按类集合，分类陈列，有利于读者根据不同需求选择不同图书。

（二）便于提高服务质量

图书按照一定的逻辑规则组织起来，便于图书馆馆员、书店发行员进行分类排架，也方便读者快速检索和查找。主题相近的书陈列在一起，便于读者选择，也便于工作人员向读者推荐相近的图书。

（三）便于提高工作效率和质量

通过分类，各类图书在书店的架、台、柜、箱、垛上，以及计算机管理系统或进销卡片中都有其相应的位置，可以加快工作人员找书、配书、归并、盘点、查询、分析的速度，可以及时、准确地了解图书的借阅或销售情况，从而为货源的订、添、调、退提供依据，减少盲目性和随意性。

三、图书分类的原则

（一）思想性原则

这是书店制定图书分类的最重要的原则。书店图书分类的政治思想原则，具体表现在三个方面：一是以马克思列宁主义、毛泽东思想、邓小平理论、"三个代表"重要思想、科学发展观、习近平新时代中国特色社会主义思想为指导思想，以辩证唯物主义和历史唯物主义为理论根据，以科学分类为基础来安排分类体系和进行图书分类。二是用马列主义的观点和方法设置图书类目并指导类目排列的前后顺序。三是类目名称的语词概念，要体现图书分类的思想性。

（二）科学性原则

图书分类要按照知识门类的学科划分，类别要按逻辑性和系统性原则设置，使每一本图书都有类可归，使读者选书有规可循。

（三）实用性原则

书店进行图书分类的目的是使读者选购商品更加方便，因此书店图书的分类，必须发挥方便、实用的功能，方便读者选购和内部管理。实用性原则，是书店图书进行分类的最基本原则。

(四) 灵活性原则

门市的图书分类要适应市场需求的变化,有利于销售,因此其类目标志就不能一成不变。而是要在不违背科学性、系统性的前提下,根据形势发展需要和读者购书变化,及时调整、变换分类,灵活增减类目标志。

四、图书分类法简介

图书分类法又称图书分类表,是按照图书内容的学科属性,在一定的哲学思想指导下,运用知识分类的原理,采用逻辑方法,将所有图书按其学科内容进行分类的方法。将所有图书分成大类,每一大类下分小类,每一小类下再分子小类。

图书分类法作为类分图书的工具,是随着科学文化事业的发展而发展的。古今中外的图书分类法较多,择要介绍如下。

(一) 七分法

西汉刘向、刘歆父子汇录成中国第一部官修综合性图书分类目录和第一部目录学著作《七略》,以学术性质作为标准分类,分为辑略、六艺略、诸子略、诗赋略、兵书略、数术略、方技略七部。《七略》奠定了我国图书分类体系的基础,七分法和著录法对我国图书馆目录的发展产生了深远影响。公元473年,南朝齐王俭效仿刘歆《七略》体例编制《七志》。南朝梁阮孝绪在一定程度上总结了前代目录学的成就,撰《七录》。

(二) 四分法

三国魏国郑默"考核旧文,删省浮秽"编《中经簿》,分群书为甲、乙、丙、丁四类。西晋荀勖与张华整理书籍,乃以《中经簿》更著《中经新簿》,总括群书,分为四部。东晋李充编制《四部目录》。唐代修《隋书·经籍志》,按经、史、子、集四部四十类著录,确定了四分法在古代目录学中的地位。

四分法起源于《中经簿》,发展于西晋荀勖,定名于东晋李充,确定于《隋书·经籍志》。

(三) 杜威法

1876年,美国图书馆学家麦尔威·杜威编制《十进图书分类法》(以下简称杜威法),对世界图书馆分类学有相当大的影响。杜威法采用列举式等级体系,第一次用号码代替类目,采用小数标记使类目能无限扩充,创造了相关主题索引,组织了常设机构负责杜威法的持续修订出版。杜威法自1910年传入我国后,对近代图书分类法产生了较大影响。

(四) 国际十进分类法

在国际目录学会(后改名为国际文献联合会)的主持下,1905年比利时学者在杜威法的基础上,修改编制而成国际十进分类法。国际十进分类法类目详尽,主题广泛,运用多种辅助符号和组配方法代表各种主题,机械检索实用性较强,由国际文献联合会的常设机构及时修订。国际十进分类法是现代西方使用较广泛的图书分类法之一。

（五）美国国会图书馆图书分类法

美国国会图书馆图书分类法，简称国会法，是综合性的等级列举式分类法。类目详尽，各大类分别独立编制，出版时间和版本不统一，没有统一的编制体例以及通用复分表和总索引。

（六）《冒号分类法》

印度图书馆学家 S.R. 阮冈纳赞创制的一部综合性分面组配式分类法。因1933年第一版首先采用"："作为分面连接符号而得名。《冒号分类法》通过分析图书主题内容，再按图书的组成因素配合类号，将所有的分类特征归纳为本体、物质、动力、空间和时间，采用分面分析兼综合的原则。

（七）我国近代图书分类法

近代中国，新的科学技术不断传入，图书分类法也在不断探索求变。1910年，孙毓修撰文介绍了杜威法。1917年沈祖荣、胡庆生编《仿杜威十进分类法》，1922年杜定友发表《世界图书分类法》，1928年王云五编《中外图书统一分类法》，1929年刘国钧编《中国图书分类法》。近代图书分类法从模仿、修缮到运用新技术，使我国步入具有现代特点的先进行列。

（八）《东北法》

东北图书馆1948年出版《图书分类法》，简称《东北法》。在旧分类法基础上修改而成，第一次将毛泽东和鲁迅著作辟为特藏类书目，列在所有类目之前。

（九）《山东法》

山东省图书馆1949年编《图书分类新法》，简称《山东法》。《山东法》明确提出图书分类法的阶级性。

（十）《中国人民大学图书馆图书分类法》

《中国人民大学图书馆图书分类法》简称《人大法》，1953年出版，是我国第一部力图以马列主义、毛泽东思想为指导编制的图书分类法。第一次将"马克思、列宁主义、毛泽东著作"列为基本大类并居于首位。首次使用展开层累制的标记制度，用双位数字加下圆点的办法，使类目的展开不受十进号码限制。

（十一）《中小型图书馆图书分类表草案》

《中小型图书馆图书分类表草案》简称《中小型表》。由原文化部社会文化事业管理局组织编制，1957年出版。根据马列主义思想体系结合图书的实际需要决定大类和次序，首创五分法的基本序列。

（十二）《中国科学院图书馆图书分类法》

《中国科学院图书馆图书分类法》简称《科图法》，1958年出版。《科图法》采用交替、参见等方法，较好地解决了相关类别的图书在目录和藏书组织中既可集中又能分散的问题；标记符号单纯、简洁，易于排检；自然科学类目比较详细；编有相关索引。

（十三）《中国图书馆图书分类法》

《中国图书馆图书分类法》简称《中图法》，中国图书馆分类法编辑委员会编，1975 年出版，是新中国成立后编制出版的一部大型的综合性图书分类法。1981 年被国家标准局发文推荐为国家标准试用本，是当今国内图书馆使用最广泛的分类法体系。《中图法》包括马列主义、毛泽东思想，哲学，社会科学，自然科学，综合性图书五大部类，22 个基本大类。《中图法》有三个版本，分别为《中国图书馆图书分类法》《中国图书资料分类法》《中国图书馆图书分类法简本》，适用于大中小型图书馆、图书情报部门和书店使用。

第二节　中国图书馆图书分类法

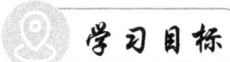

- 了解《中图法》的主要特点
- 掌握《中图法》的五大部类和 22 个基本大类

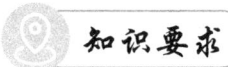

一、《中图法》的主要特点

《中图法》迄今已出版了五版，普遍应用于全国各类型的图书馆，国内主要大型书目、检索刊物、机读数据库。《中图法》是一部综合性的大型分类法，类目详细，注释较多，并编有不同类型的版本，可满足各类型图书馆和情报部门文献分类的需要。在等级列举的基础上采用组配编号法，设置交替类目，编有多种复分表，采用多重列类法等，编制技术较完善。分类号简短易记，便于使用。编有较为详细的类目索引及使用说明（手册）等。

二、《中图法》的基本大类

《中图法》包括马列主义、毛泽东思想，哲学，社会科学，自然科学，综合性图书五大部类。

第一部类：马克思主义、列宁主义、毛泽东思想、邓小平理论

马克思列宁主义、毛泽东思想是我们指导思想的理论基础，所以《中图法》将马克思列宁主义、毛泽东思想列为第一部类。马列主义、毛泽东思想部类的出版物，主要指马克思主义经典作家的原著、生平和传记，马克思列宁主义、毛泽东思想的学习、研究著作和参考资料。

此大类包括有关马克思、恩格斯、列宁、斯大林、毛泽东、邓小平的著作（单行著作、专题汇编等）、生平、传记、手迹、语录、书信集、日记、谈话、肖像、故居、遗物等，马克思、恩格斯、列宁、斯大林、毛泽东、邓小平著作汇编，马克思主义、列宁主义、毛泽东思想、邓小平理论的学习和研究以及著作汇编的学习和研究。

第二部类：哲学

哲学是自然科学和社会科学的概括和总结，是关于自然界、人类社会和人类思维的一般规律的科学。《中图法》将哲学列为第二部类，哲学部类出版物，主要指哲学理论，哲学史，属哲学范畴的专门学科——逻辑学、伦理学（道德哲学）、美学、心理学和宗教等。

哲学大类主要出版物：哲学理论、世界各国哲学、思维科学、逻辑学、伦理学、美学、心理学、宗教。

第三部类：社会科学

社会科学是研究人类社会发展一般规律的科学。《中图法》将社会科学列为第三部类。社会科学部类出版物主要反映社会发展历史及其发展规律。按照研究对象的不同，分为研究社会生产活动的经济，研究政治和法律上层建筑的政治、法学、军事，属于意识形态的文化、科学、教育、文学、艺术等学科，还包括语言、体育、教育、历史、地理等。

第四部类：自然科学

自然科学是以整个自然界和各种自然现象为研究对象的一门学问。《中图法》将自然科学列为第四部类。自然科学部类出版物主要指反映自然科学理论及发展概况，包括数理科学和化学，天文学、地球科学，生物科学，医药、卫生，农业科学，工业技术，交通运输，航空、航天等方面内容的出版物。

第五部类：综合性图书

综合性图书是指涉及所有知识门类或许多知识部门，并具有独特编制体例的图书。《中图法》将综合性图书列为第五部类。综合性图书主要包括丛书，百科全书、类书，辞典，论文集、全集、选集，杂著，年鉴、年刊，期刊、连续性出版物，图书目录、文摘、索引。

《中图法》的22个基本大类，具体如下。

A. 马克思主义、列宁主义、毛泽东思想、邓小平理论

B. 哲学、宗教

C. 社会科学总论

D. 政治、法律

E. 军事

F. 经济

G. 文化、科学、教育、体育

H. 语言、文字

I. 文学

J. 艺术

K. 历史、地理

N. 自然科学总论

O. 数理科学和化学

P. 天文学、地球科学

Q. 生物科学

R. 医药、卫生

S. 农业科学

T. 工业技术

U. 交通运输

V. 航空、航天

X. 环境科学、劳动保护科学（安全科学）

Z. 综合性图书

书店通常根据图书分类一般原理，结合门店经营特色，在实际制定分类表时，还须根据书店的类型、规模，地区特点以及读者购书习惯，并结合书店的备货，编制适合自己书店使用的图书分类类目简表。

第三节　图书分类的规则和步骤

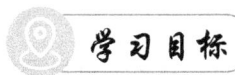
学习目标

- 掌握图书分类的规则
- 掌握图书分类的步骤

知识要求

一、图书分类的规则

图书分类是揭示图书和组织图书的一种手段，如果归类不正确，就不能正确揭示图书的内容所反映的学科性质，影响工作质量。分类法中的每一个类目都不是孤立的，都是类目体系中相互关联、相互制约的有机组成要素。类目之间的内在联系遵循从总到分，从一般到具体，从简单到复杂，从理论到实践的原则。

图书分类主要有以下规则。

第一，图书分类必须以图书所反映的学科内容属性为主要标准，必要时根据写作形式或出版形式分。也就是说，首先考虑图书内容的属性，根据其学科特点进行分类，其他条件如体裁、地域、语种等作为辅助标准。例如，《茶叶贸易》归入经济，《茶叶种植》归入农业，《茶叶炒制》归入轻工业。

第二，图书分类必须体现逻辑性和系统性。凡是能归入某一类的书，必须带有其上位类的属性，也就是说凡是能归入某一类的书，一定能归入其上位类。如《美容》归入社会学—社会生活和社会问题—生活与消费。

第三，归入最有用途的类，才能最有利于读者。在图书分类的同时，首先考虑反映其学科内容，其次要和图书馆或书店的定位相结合。比如《水稻》，如果是在农科类图书馆，对专业分类要求更细，就应该归入农作物类，再加上农业科学的组配号码。如果在经贸类大学的图书馆，就没必要分类很详细，只需要归入农业科学类即可。

第四，不能仅凭书名进行图书归类。有时图书书名不能反映图书的内容属性。比如，《黑猫》是一本小说，就不能根据书名归入动物学类，一定要纵览全书，才能进行正确分类。

第五，多主题图书应归类到最能代表内容本质或起主导作用的学科中去。多主题可能是并列关系、从属关系、因果关系、应用关系、影响关系等。比如《物理学与声学》重点讲声学的，应该归入声学；《从猿到人》应该归入人类学；《天气与飞行》应该归入航空类。

二、图书分类的步骤

当一本书进图书馆或书店时，需要经历以下几个步骤。

第一，查重。查重的目的是确认是新书、复本书还是不同版本书，防止同书异号，减少工作量。

第二，内容分析。图书分类是根据内容属性来揭示图书的。因此，需要分析图书主题、书名、内容简介、目次和研究对象等。

（1）分析书名。大部分图书书名可以反映内容性质，但也有部分图书书名不能显示图书选题和观点，如部分科普读物和文艺作品。

(2) 阅读简介。通过阅读简介或内容提要，确认图书内容实质。

(3) 检阅目次和体裁。目次是图书内容的纲领，能简明反映图书内容题材和范围。体裁反映作品的表现形式。

(4) 阅读序言、说明、凡例和跋等。从图书的序言、说明、凡例和跋等可以看出写作目的，内容范围，图书表达的立场、观点和写作方法等，有助于对图书进行正确的分类。

(5) 涉猎全文。全文快速简略浏览或者对部分章节重点阅读，进一步了解图书内容，如图书所阐述或研究的基本问题、主要观点。

(6) 了解作者、出版社等。

第三，归类。将以上情况了解熟悉后，对图书有了较全面的分析，从而有助于判断图书的学科属性，才能归入最能体现该书本质属性的分类，并利用图书分类法的标记符号把图书全面正确地体现出来。有的图书牵涉多个知识题材，在决定主要类目时，还需要确定附加分类。在有关类目重复反映同一本书，称为互见或互著。

第四，确定分类号码。如果一本书分入几类时分类号用"+"联结。

第五，核对分类目录，再次审核分类的正确性，编制书次号。

第四节　中国标准书号、条形码和图书在版编目数据

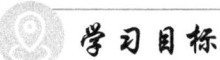

- 熟悉中国标准书号有关知识
- 掌握条形码有关知识
- 熟悉图书在版编目数据

一、中国标准书号

原文化部出版事业管理局于 1956 年 2 月颁布《全国图书统一编号方案》，1972 年国务院有关部门进行了修订。1987 年，中国 ISBN 中心在国际标准书号（ISBN）的基础上制定了《中国标准书号》国家标准，规定了中国标准书号的结构及其印刷位置，为在中国合法出版者所出版的每一出版物及每一版本提供唯一确定的、国际通用

的编号标识方法。《中国标准书号》国家标准的颁布有利于推进我国出版业与国际书业的交流，有利于出版物贸易管理和信息交流，为图书分类统计和销售陈列创造条件。采用国际标准书号作为中国标准书号。

国际标准书号（International Standard Book Number，ISBN）由 ISBN 标识符和 10 位数字组成。10 位数字包括：组号、出版者号、书名号和校验码。

标识符 ISBN 使用大写英文字母，其后留半个汉字空，数字的各部分应以半字线连接。

国际标准书号格式为：ISBN-组号-出版者号-书名号-校验码，如 ISBN 7-5387-1705-6。

中国大陆的 ISBN 标识符为 978。

组号：是以国家、地区、语言及其社会集团划分，由国际 ISBN 中心分配。分配给我国大陆的组号为一位数字"7"，中国香港为 962，中国澳门为 972，中国台湾为 957。

出版者号：由中国 IBSN 中心设置和分配，长度为 2～8 位数字。对每一个出版者分配一个与其出版量相适应的出版者号，通常是出版量越大，出版者号越短。

书名号：是图书书名的代号，一个图书一个号码，由出版社管理和分配。书名号的长度取决于组号和出版者号的长度。一个出版者号下的书名号用完时，可再向中国 ISBN 中心申请新的出版者号。

校验号：固定用一位数字，放在构成 ISBN 的基本数字的最右边。计算方法为：取 ISBN 前 9 位数字与其对应的加权值进行相乘，将乘积相加，得出和数，和数除以模数 11，得出余数，模数 11 减余数所得差数即为校验码的值。如果差数为 10，则校验码为"X"，如果余数为"0"，则校验码为"0"。

中国标准书号应印制在图书封底（或护封）右下角和图书在版编目数据中，其他介质出版物应印制在显著位置上（图 4-1）。

图 4-1　中国标准书号样式

二、条形码

条形码是将宽度不等的多个黑条和空白，按照一定的编码规则排列，用以表达一组信息的图形标识符。条形码中的"条"和"空"对光线具有不同的反射率。扫描条形码时，扫描器接收到强弱不同的反射光信号，经过光电转换和译码后，就可以将条形码转换为相应的数字字符信息。

条形码是经济、实用的一种自动识别技术。条形码技术具有信息采集速度快、可靠性高、采集信息量大、易于制作等优点。世界上常用的码制有 EAN 条形码、UPC 条形码、25 条形码、交叉 25 条形码、库德巴条形码、Code39 条形码和 Code128 条形码等。

图书使用 EAN 条形码，是国际通用的符号体系，是一种长度固定、无含义的条形码，所表达的信息全部为数字，主要应用于商品标识。由 12 位数字的产品代码和一位校验码组成，12 位数字中前三位为前缀号，中间四位为出版社代码，代表一个企业，后五位为图书代码。

前缀 978（代表图书），中间一部分与 ISBN 相同，最后一位是校验码，校验位的加权算法与 10 位 ISBN 的算法不同。具体算法是：用 1 分别乘 ISBN 的前 12 位中的奇数位（从左边开始数起），用 3 乘以偶数位，乘积之和以 10 为模，10 与模值的差值再对 10 取模（即取个位的数字）即可得到校验位的值，其值范围应该为 0～9。

图书上的条形码通常情况下应安排在靠订口一边。印刷条形码的优选位置为封底（或护封与之对应位置）的右下角。

三、图书在版编目数据

一本书除了有书号，还需要有 CIP 数据才能出版，书号和 CIP 是每本图书必备的数据。图书在版编目数据是由中国版本图书馆根据出版部门提供的图书校样进行编目形成的数据。

图书在版编目数据由 4 个部分组成，依次为：图书在版编目数据标题、著录数据、检索数据、其他注记（图 4-2）。

图书在版编目（CIP）数据

印刷国际贸易理论与实务／孟玫，章兴荣编著．—北京：印刷工业出版社，2006.12
ISBN 7-80000-549-6

Ⅰ.印... Ⅱ.①孟...②章... Ⅲ.①印刷工业－国际贸易－经济理论－中国②印刷工业－国际贸易－贸易实务－中国 Ⅳ.F426.84

中国版本图书馆CIP数据核字（2006）第122830号

图 4-2　图书在版编目数据样式

第一部分是图书在版编目标题,即标明"图书在版编目(CIP)数据"的标准黑体字样,其中"在版编目"一词的英文缩写"CIP"必须用大写拉丁字母,并加圆括号。

第二部分是著录数据。著录数据的书名与作者项、版本项、出版项三项连续著录;丛书项、附注项、标准书号项均单独起行著录。

第三部分是检索数据。其排印次序为:书名检索点、作者检索点、主题词、分类号。分类号不止一个时,各个分类号之间留一个汉字空,但不用任何数字或符号排序。书名、作者检索点采用简略著录法,即仅著录书名、作者姓名的首字,其后用"…"表示。

第四部分是其他注记,内容依据在版编目工作需要而定。

第五节　图书分类与陈列

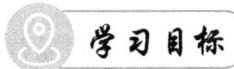

- 了解图书陈列和图书分类的关系
- 了解图书陈列有关基础知识

一、图书陈列和图书分类的关系

图书分类是图书陈列的前提、依据和保证。进行图书陈列之前,首先必须进行的是图书分类,不分类就无从陈列,分类是陈列最基本的原则。

图书陈列是图书分类效果的重要体现。图书陈列得好或是不好,体现了图书发行分类的程度。图书分类分得精确、有章法,图书陈列的效果就好。

图书分类与图书陈列是不可分割的两部分。要做好图书陈列,必须重视图书分类;要做好图书分类,必须重视图书陈列对于图书分类的检验作用。

二、图书陈列基础

(一)图书陈列区的划分

在书店卖场中,图书陈列的主要区域分为:货位区、走道区、促销区和端架区。

(1)货位区:书店的大多数图书都被陈列在正常的货位区,摆放在整洁、美观的书架上,以便读者浏览和选购。

(2)走道区:为了吸引读者的注意力,突出一些图书的独特卖点,在卖场的大通道中央或扶梯侧面摆放一些展台，陈列价格优惠或主题图书商品。

（3）促销区：指卖场过道与货位的临界区，一般进行突出性的图书造型设计，比如在收款台附件陈列一些文创商品。

（4）端架区：通常指整排书架的最前端或最末端，即顾客流动线的转弯处设置的书架，也被称为最佳陈列点。端架区位置优越，很容易引起读者的注意，常常陈列一些季节性图书、主题图书、促销商品或新书。

（二）图书陈列高度和销售效果

图书陈列最主要的目的是销售，提升销售业绩，创造利润。通常来说，与顾客视线平齐、直视可见的位置是最好的位置。书架上的商品陈列效果会因视线的高低而不同。在视线水平且伸手可及的范围内，图书的销售效果最好。随着视线的上升或下移，销售效果会递减。书架高度和图书陈列都不应该高于1.7米，确保拿取方便。

（三）标准化陈列要求

标准化陈列可以满足读者快捷地找到心仪的图书，这就要求图书卖场或书店标明图书陈列信息。陈列信息主要有以下几点。

（1）在入口处安置区域分布图。通常是在大型图书卖场入口处显示区域分布图，方便顾客找到自己需要的图书所陈列的区域。

（2）在每个区域挂上名称，如中国文学、外国文学等。这样读者很容易通过区域指示牌找到自己所需图书的位置。

（3）以最简洁的方式陈列图书。图书陈列是为了使图书的存在、样式、规格、价格在读者眼里"显而易见"。一般来说，"显而易见"的位置包括：进门正对面、柜台后面与视线等高的书架位置、书架两端的上面位置、墙壁书架的转角处、收银机旁、人流集中处。

（4）图书陈列要讲求层次。在分类陈列图书时，不可能把所有图书都陈列出来，这时应该把最适合本书店消费层次和消费特点的品种陈列在主要位置，或者把具有一定代表性的图书陈列出来。书架和书架之间要保持适当距离，增加图书商品的可视度。

三、图书陈列发展趋势

图书陈列紧随社会发展的变化，特别是随着读者日益增长的美好生活需要，以及消费观、价值观的变化，图书陈列不仅要展现出读者所需要的图书，更要艺术性反映读者追求的审美形象和未来愿景。

书店不再仅仅是阅读和购物的空间，还可以增添文化设施如绘画、雕塑等，也可以增加咖啡销售，满足消费者的精神文化需要。图书陈列不仅要运用材料、色彩、光照、气味的变化，还要和空间环境相适应。恰当的空间设计和环境布置可以突出展现图书主题，给读者带来美好的艺术享受。

技能要求

操作步骤：

（1）打开软件，进入首页面（九个模块），使用右手手柄扳机键的射线点击图书分类的图标按钮，进入图书分类模块（图4-3）。

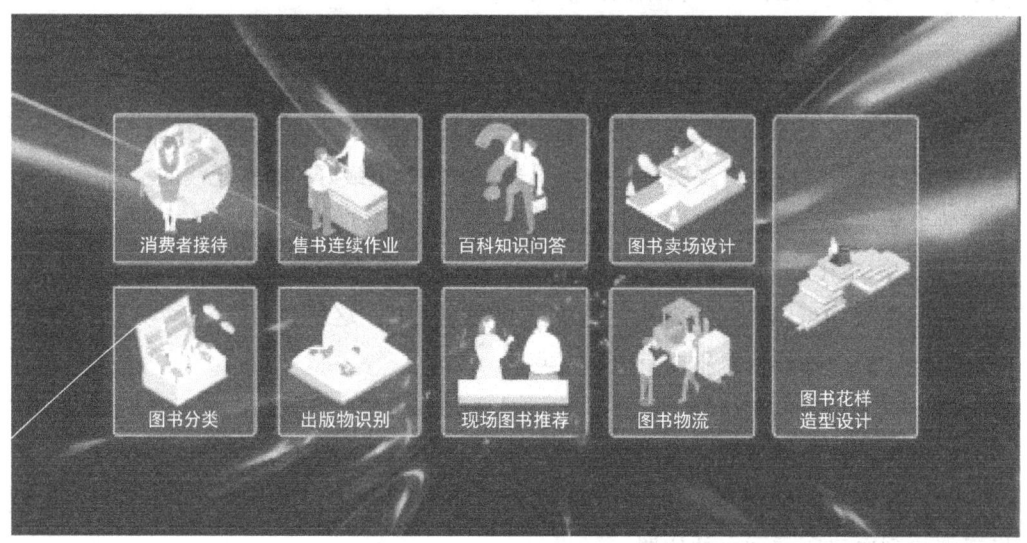

图4-3　图书分类模块

（2）使用右手手柄扳机键的射线点击练习按钮（图4-4）。

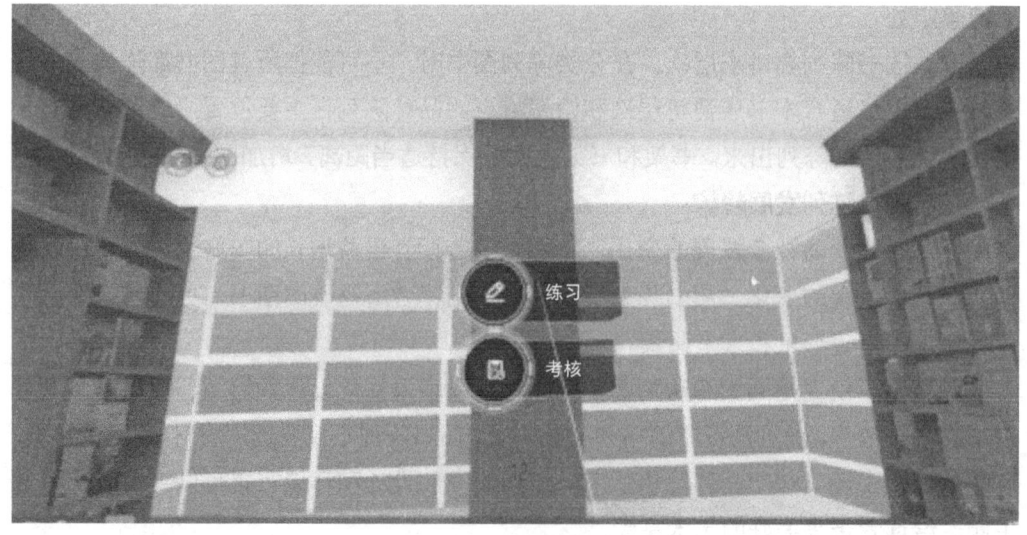

图4-4　进入练习

(3)进入三维虚拟场景，使用右手手柄扳机键的射线点击取书按钮（图4-5）。

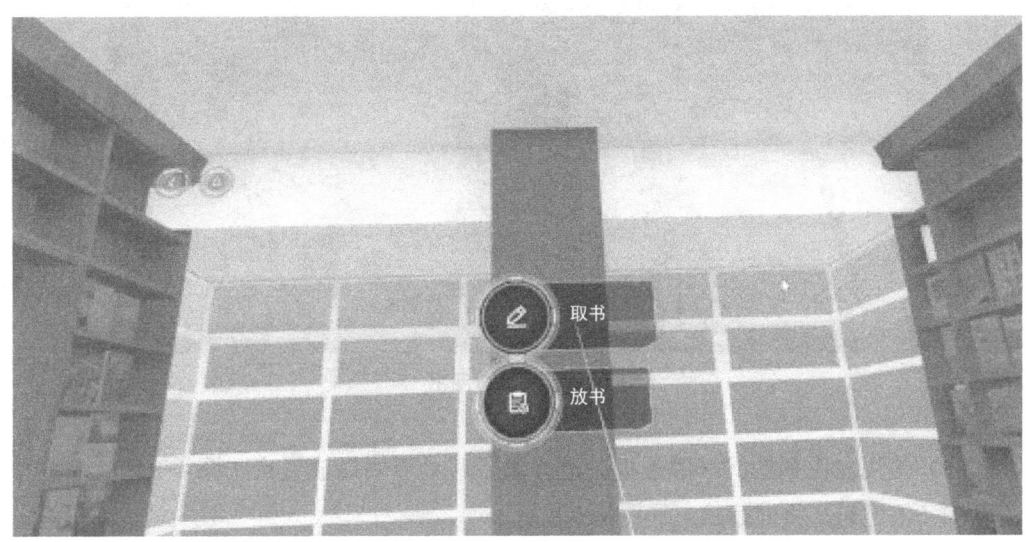

图4-5 取书

(4)根据提供的书籍信息，使用左手柄的②（触控板）进行场景移动到书架前，寻找书籍（图4-6），找到相应书籍《上下五千年》，用右手手柄触碰到书籍，按下右手柄⑧（侧键）拿起书（图4-7）。

图4-6 寻找图书

图 4-7　拿起图书

（5）使用左手柄的②（触控板）进行场景移动至书籍放置点（图 4-8），按下右手柄⑧（侧键），将书籍放下（图 4-9）。

图 4-8　移动图书

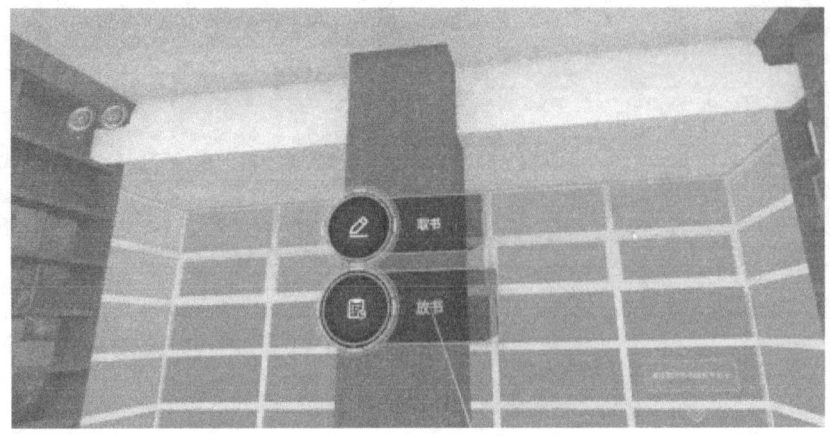

图 4-9　放下图书

(6)根据提示走到小推车前,用右手手柄触碰到书籍,按下右手柄⑧(侧键)拿起书籍,走到书架前,识别书籍应放置的位置,将手柄伸到所选择的位置,按下右手柄⑧(侧键),放下书籍,若放置正确,进行下一本书的放置(图 4-10);若放置错误,则根据提示再次放置(图 4-11)。

图 4-10 放置正确

图 4-11 重新放置

(7)使用右手手柄⑦(扳机键)的射线点击考核按钮(图 4-12),进入取书 / 放书的选择,点击取书按钮,开始计时考核。根据提供的书籍信息,使用左手柄的②(触控板)进行场景移动到书架前,寻找书籍,找到相应书籍,用右手手柄触碰到书籍,按下右手柄⑧(侧键)拿起书。走到书籍放置点,用右手手柄触碰到书籍,按下右手柄⑧(侧键)放下书。完成考核,查看成绩单(图 4-13)。

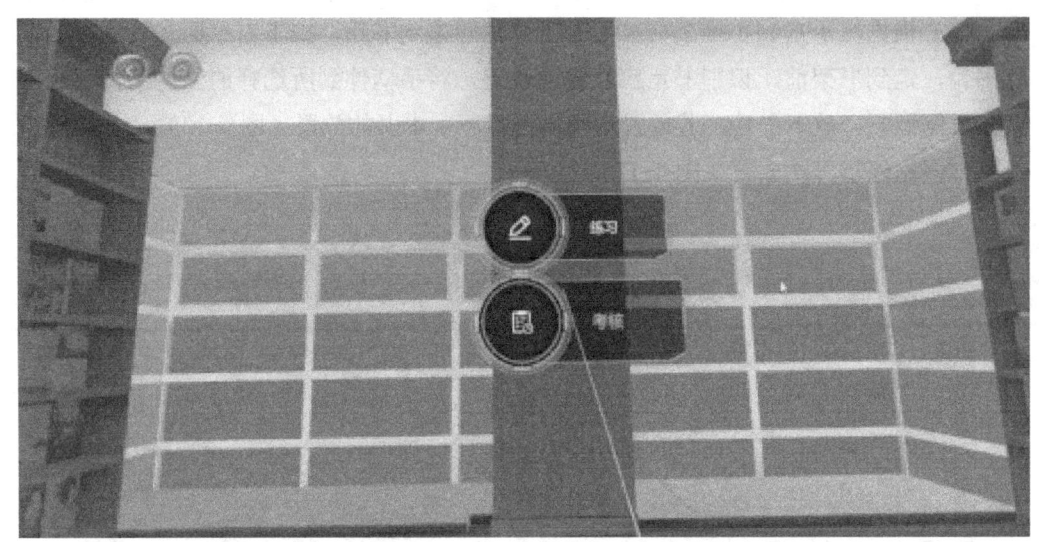

图 4-12　进入考核

图 4-13　考核完成查看成绩

（8）使用右手手柄⑦（扳机键）的射线点击返回按钮，返回取书/放书选择，点击放书按钮（图 4-14），根据提示使用左手柄的②（触控板）进行场景移动至小推车前，用右手手柄触碰到书籍，按下右手手柄⑧（侧键）拿起书。然后走到书架前，识别书籍应放置的位置，将右手手柄伸到所选择的位置，按下右手手柄⑧（侧键），放下书籍，完成考核，查看成绩单（图 4-15）。

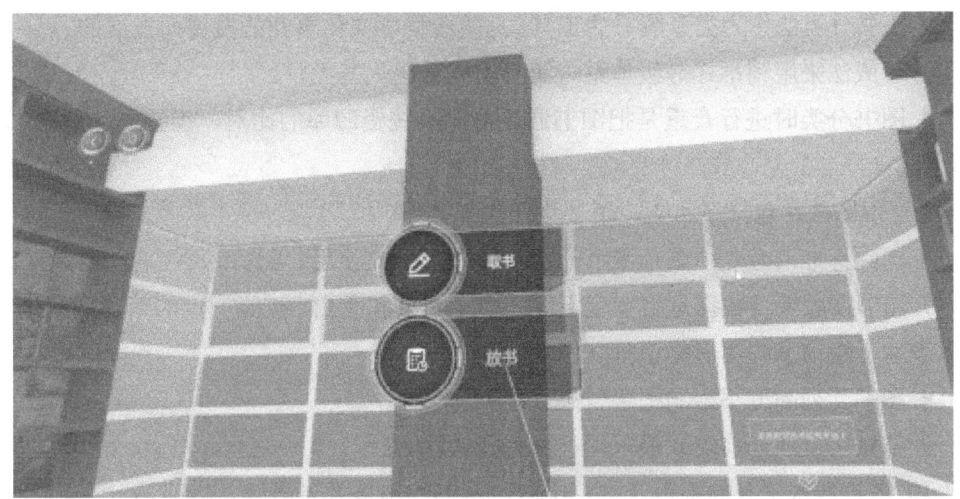

图 4-14　放书操作

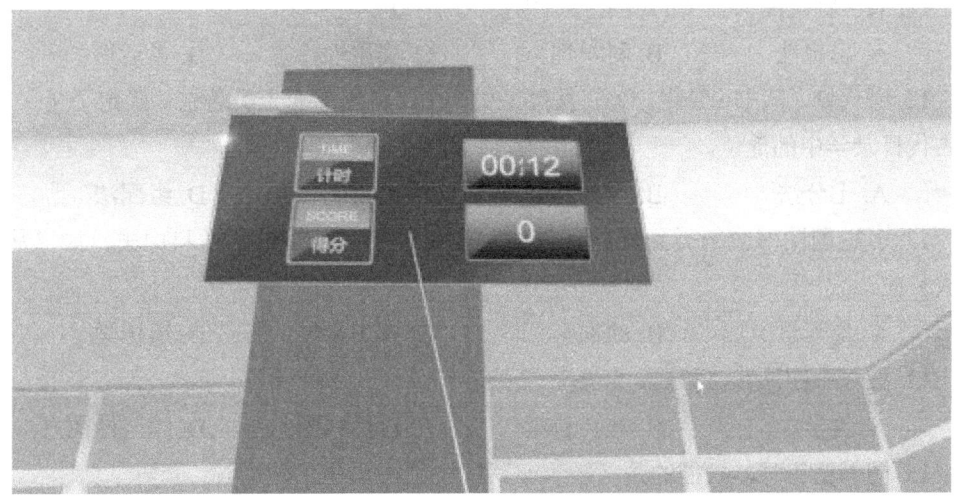

图 4-15　查看得分

（9）图书识别模块完成，使用右手手柄⑦（扳机键）的射线点击返回主界面按钮，返回主界面。

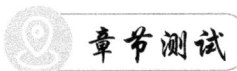

一、判断题

1. 分类的类，是指具有相同开本、相同装订方式的一组图书。（　　）

2. 图书分类法作为类分图书的工具，是随着科学文化事业的发展而发展的。（　　）

3. 杜威法采用列举式等级体系，第一次用号码代替类目。（　　）

4. 图书分类时进行查重是把图书通过检测系统资源库的比对，得出与其他图书的相似比。（　　）

5. 《中图法》包括经、史、子、集四大部类。（　　）

6. 国际标准书号是中国标准书号的主体，可独立使用。（　　）

7. 图书在版编目数据是将宽度不等的多个黑条和空白，按照一定的编码规则排列，用以表达一组信息的图形标识符。（　　）

8. 图书陈列高度不影响销售效果。（　　）

9. 整排书架的最前端或最末端被称为促销区。（　　）

10. 在视线水平且伸手可及的范围内，图书的销售效果最好。（　　）

二、单项选择题

11. 书店制定图书分类的最重要原则是（　　）。
　　A. 思想性　　B. 科学性　　C. 实用性　　D. 灵活性

12. 唐代修《隋书·经籍志》，按经、史、子、集四部四十类著录，确定了（　　）在古代目录学中的地位。
　　A. 七分法　　B. 四分法　　C. 十进制　　D. 组配法

13. 多主题图书应归类到最能代表内容本质或起主导作用的学科中去，如《从猿到人》应该入（　　）。
　　A. 伦理学　　B. 动物学　　C. 人类学　　D. 遗传学

14. 按《中图法》，辞典、年鉴、文摘应归入（　　）。
　　A. 哲学　　B. 社会科学　　C. 自然科学　　D. 综合性图书

15. 图书销售时，扫描的是（　　）。
　　A. 中国标准书号　　　　　　B. 条形码
　　C. 图书在版编目数据　　　　D. 版权页

三、多项选择题

16. 图书在版编目数据由（　　）组成。
　　A. 图书在版编目数据标题　　B. 著录数据
　　C. 检索数据　　　　　　　　D. 其他注记
　　E. 条形码

17. 《中图法》的版本有（　　）。
　　A.《中国科学院图书馆图书分类法》
　　B.《中国图书馆图书分类法》
　　C.《中国图书资料分类法》

D.《中国图书馆图书分类法简本》

E.《中小型图书馆图书分类表草案》

18. 图书陈列的主要区域分为（　　　）。

　　A. 货位区　　　　B. 走道区　　　　C. 促销区　　　　D. 端架区

　　E. 逃生区

19. 条形码是经济、实用的一种自动识别技术，其优点有（　　　）。

　　A. 信息采集速度快　　　　　　　B. 可靠性高

　　C. 采集信息量大　　　　　　　　D. 易于制作

　　E. 可精准"描述"物品

20. 国际标准书号由（　　　）共13个数字组成。

　　A.ISBN 标识符　　　　　　　　　B. 组号

　　C. 出版者号　　　　　　　　　　D. 书名号

　　E. 校验码

四、简答题

21. 简述图书分类的作用。

22. 图书分类的规则和步骤有哪些？

23. 简述图书标准化陈列要求。

24. 简述图书陈列和图书分类的关系。

25. 图书在版编目数据的组成包括哪些内容？

第五章
消费者接待

所谓消费者，是指为达到个人消费使用目的而购买各种产品与服务的个人或最终产品的个人使用者。出版物的消费者接待是指企业在出版物的产品销售活动过程中（出版物发行），销售服务人员为消费者提供的各种服务的接待过程。服务人员要求做到接待有序、操作规范、服务周到，正确处理销售矛盾，让每一位消费者高兴而来，满意而去，最终实现企业的经济效益和社会效益。

第一节　服务接待的岗位职责

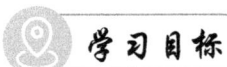

- 了解门店、摊亭等服务工作的特点和要求
- 了解门店的岗位设置及各岗位的职责
- 掌握服务接待基本的职业技能，树立良好的服务意识

知识要求

什么是服务？在《现代汉语辞典》中，服务的解释是为集体（或别人）的利益或为某种事业而工作。随着时代的发展，科技的进步，人们对服务的理解也不断深入，在现代众多解释中，比较有代表性的定义是"服务是为他人做事，并使他人从中受益的一种有偿或无偿的活动"。服务是一种人与人之间的沟通与互动。

一、门店、摊亭服务工作的特点

（一）服务对象多元化，具有面广的特点

书店、摊亭所面对的读者群，既有学校的学生、教学人员，又有各个不同行业、不同年龄的工作人员，有企业，也有事业单位，覆盖各年龄段、各职业。

（二）服务对象的阶段性很长

发行服务阶段涵盖每个人的一生，从孩童时期到耄耋，都离不开知识的汲取，虽然随着时代的发展，人类的阅读习惯也在不断变化，但书一直会陪伴着人类一起成长。服务内容具有特殊社会属性，门店、摊亭的工作人员从事的工作不但体现在经济效益上，还要兼顾社会效益，其工作的产品具有文化宣传、文化传承的社会属性，是文化产业。

二、门店、摊亭服务工作的岗位要求

（一）爱岗敬业

爱岗就是热爱自己的岗位，敬业就是用一种恭敬严肃的态度对待自己的工作。爱岗敬业是最基本的职业道德。

（二）诚实守信

诚实就是忠诚老实，忠于事物的本来面貌，守信就是讲信用、讲信誉，信守承诺，忠实于自己承担的义务。诚实守信是每一位服务人员应有的职业品质。

（三）平等尊重

对服务对象必须不分男女，不论身份，每个人在社会、政治、经济、法律等方面应当享有相等的待遇。尊重是尊敬、重视。人与人之间是相互平等的，所以尊重也是互相的，一个懂得尊重别人的人才能尊重自己。

（四）热情主动

在工作过程中，服务人员应保持一种积极向上的工作态度，能主动投入服务工作之中，让客户有较好的感受体验。

（五）服务规范

服务人员必须严格按照相应的岗位要求提供规范化、标准化的服务。要把握好分寸，适度得体，不能"太冷"或者"太热"。

三、门店、摊亭服务工作的岗位职责

（一）营业部店长/销售部部长（大型门店）

完成上级公司布置的相关工作、任务；对营业部门的工作管理全面负责，保证门店的正常运转。

（二）营业主任/门店店长（中小型门店）

贯彻执行上级布置的各项工作任务，制定相应措施，组织落实，确保完成工作目标。

（1）定期参加部门例会，汇报工作情况，接受阶段工作目标。

（2）带领并组织所属员工参加晨会，布置阶段工作，负责班组之间协调。

（3）落实对商品进行上架前的收货验证，做好辖区内的图书（商品）陈列和畅销书（商品）、重点书宣传引导。

（4）落实销售目标，做好销售中服务工作和各类营销活动。

（5）做好销售备货工作，落实商品的进、销、调、存、退货等情况。

（6）主动收集、整理重点客户的信息，处理好读者需求。

（7）做好员工现场管理和考勤管理，根据实际工作合理安排、调配员工。

（8）纠正员工违纪行为，预防潜在违规行为，制定纠正预防措施并予以实施。

（9）做好班组员工的培训、考核及新员工、实习生的带教工作。

（10）做好所属区域的综合治理工作，及时化解卖场中发生的突发事件并反馈给上级负责人。

（三）主管营业员/组长

（1）作为主任助手，协助主任做好本班组日常管理工作。

（2）配合主任召开所辖班组班会，并对所辖员工进行业务指导与交流沟通。

（3）做好商品上架前的验收、陈列工作，及时向主任进行汇报。

（4）做好销售及营销活动，协助主任做好畅销书、重点书的宣传陈列并引导读者选购。

（5）积极关注市场动态，根据商品进、销、存情况，向主任提出添货申请及退货工作。

（6）负责收集、整理服务过程中读者的需求信息，及时反馈给主任。

（7）纠正员工违纪行为，预防潜在违规行为。

（8）带领员工做好所属财物及商品的保管、防护以及定期的盘点工作。

（9）配合部门做好综合治理工作，积极化解卖场中的突发情况。

（10）积极带头并鼓励员工参加企业开展的各项活动。

（四）营业员

（1）遵守企业各项规章制度，贯彻执行上级领导布置的各项工作并确保完成。

（2）按时参加晨会或班会，认真听取晨会内容，接受工作安排。

（3）做好商品到货验收、陈列上架工作，并对此过程中发生的问题做好质量记录，及时反馈。

（4）做好销售服务工作，关注部门畅销书、重点书的宣传陈列并主动引导读者选购。

（5）关注市场动态，向上级提供主管商品的销售信息。

（6）及时并积极化解卖场中的突发情况，及时上报。

（7）做好所属区域商品的保管、防护和退货工作，做好定期盘点工作。

（8）增强卖场安全防范意识，做好综合治理工作。

（9）协助上级做好卖场各类宣传营销活动。

（10）保持所属区域内的环境整洁。

（11）积极参加企业开展的各项活动。

第二节　服务接待基本流程标准

学习目标

- 了解从事行业的基本情况
- 了解企业的各项规章制度
- 了解门店营业前后的基本内容
- 掌握服务接待的基本流程

知识要求

什么是出版发行？出版是将作品通过任何方式公之于众的一种行为，是通过可大量进行内容复制的媒体实现信息传播的一种社会活动。通俗地说，就是有选择性地把稿件、图像、图片等进行编辑，然后印刷制作出来。而发行就是出版的延续，把出版的书、报纸、音像制品等传送到需要的人的手里。

一、门店规章制度

（一）遵纪守法，规范经营

合法经营，不出售非法出版物。进货渠道统一、规范，不得私自进货。

（二）遵纪守时，营业准时

遵守企业的营业时间规定，对外如有变化应及时公示；对内要求员工遵守考勤管理制度，做到不迟到、不早退。

（三）店堂整洁，布局合理

自觉维护营业场所环境整洁，书架布局合理，分类明确，保持营业场所温度适宜，光线充足。

（四）规范服务、主动热情

接待读者面带微笑，用语亲切规范、态度和蔼、解答详尽，认真倾听读者意见，诚恳回答读者问题。

（五）仪表形象，举止得体

员工必须穿着统一的工作服，且保证工作服干净整洁，正确佩戴工号牌，站立服务，规范用语。

（六）商品防护，管理有序

做好商品的管理、防护工作，减少商品的损耗、提升卖场综合治理工作。

（七）售后服务，重视投诉

售后服务最基本要求是化解或减少与读者发生的争执，处理读者投诉有理有据，绝不互相推诿责任。

二、门店工作基本流程

（一）营业前

（1）员工每天应提早到达门店，先打卡，工卡不得由他人代打。然后更换统一工作服。工号应佩戴在左胸位置。

（2）班前会由店长或主任主持，包括列队点名，对员工出勤、缺勤情况进行考核，对缺岗情况及时安排人员到岗，检查全体员工仪容仪表是否端庄、规范，并布置一天的工作。

（3）营业员清洁书架、平摊台、陈列柜；收银员在做好保洁工作同时，打开POS机，准备好备用金、包装纸、粘贴纸、打印纸等一切工作必备品。

（4）离开门前5分钟，全体员工必须到达各自工作岗位。

（5）迎宾。迎宾曲响起，全体员工站在指定区域内，精神饱满、站姿端正、迎宾直至乐曲结束。

（二）营业期间

（1）员工须在指定区域内，仪表端正、站姿正确、面带微笑，认真做好接待工作，必须使用礼貌用语，禁用服务"忌语"，原则上先启用普通话接待，然后视读者实际情况而定。

（2）每天配送商品到达后，认真做好商品验收工作，及时按类上架。

（3）负责检查主管商品的分类情况，保持陈列商品分类清楚，标志明显。

（4）为读者做好导购，热情解答读者提问，帮助他们解决困难。

（5）根据不同读者，主动向他们推荐、介绍主要类别的商品，做好促销工作。

（6）随时整理书架、平摊台，始终保持书架、平摊台的整洁，陈列的商品无严重破损。

（7）遇到书架松倒，根据类别补架，始终保持书架丰满、整齐，平摊台商品原则上需高低一致或外低内高。

（8）对卖场的辅助设备做到正确使用，做好及时归位，并向有需要的读者提供帮助。

（9）增强安全意识，如有突发事件及时上报，并做好卖场的商品保管工作。

（10）为确保门店的正常运转，以上各级岗位实行自上而下逐级管理制。下级有事情应逐级上报，当在上一级缺岗的情况下，下级受其委托，可代理处理其职责权限内的工作。

第三节　服务礼仪

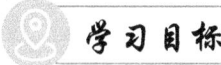

- 正确使用服务接待的规范用语
- 掌握服务接待过程中的言行举止

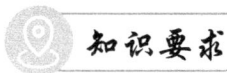

什么是礼仪？礼仪是礼节和仪式。礼仪是指人们在一定的社会交往场合中，为表示相互尊重，在仪容、仪表、仪态、仪式、言谈举止等方面约定的、共同遵循的行为规范和交往程序。礼仪是人类社会的一种行为规范，它始终以某种精神的约束力支配着人们的社会活动和行为。今天所讲的"礼仪"包含的内容比较宽泛，诸如礼貌、礼节、仪表等都属于此。

什么是服务礼仪？服务礼仪就是礼仪在服务过程中的具体运用。是从事服务性行业人员必备的素质和基本条件。是服务人员向被服务的人表示尊重、敬意、友善等的一系列程序和行为规范。而良好的服务礼仪能使服务工作更加顺利开展，更能提升企业的整体服务水平和服务质量，进而提高企业的经济效益和社会效益。

一、仪表形象

从事一线门店工作的人员对外展示出的形象代表整个企业的形象，从这些员工身上可以看到企业文化和服务的理念，同时也体现着他们对被服务对象的态度。

（1）保持良好的精神风貌，提前到达工作岗位做准备，养成守时的好习惯。

（2）穿着统一的工作服，着装整洁，纽扣扭好，不得有掉扣，不得将裤脚卷起、衣袖挽起，正确佩戴工号牌。

（3）发型、发色自然。不染夸张颜色的头发，不梳奇异的发型，男员工不留过长的头发，不剃光头，女员工长发束起或盘起。

（4）男员工不留大胡子，不佩戴耳环，女员工不浓妆艳抹，不佩戴过多、夸张的首饰。

（5）指甲修剪整齐，保持清洁，不留长指甲或样式夸张的指甲，不涂深色指甲油。

（6）不穿拖鞋、奇形怪状的时装鞋等。

（7）不将文身暴露于工作服之外。

（8）不喷味道过浓或味道奇怪的香水。

二、仪态

仪态是指人在行为中表现出来的姿势，主要包括站姿、坐姿、步态等，"站如松、坐如钟、行如风、卧如弓"，是中国传统礼仪的要求。在当今社会中已被赋予更丰富的含义，随着对外交往的深入，要学会用兼收并蓄的宽容之心去读懂对方的姿态，更要学会通过完善自我的姿态去表达自己想要表达的内容。

（一）站姿

站姿、站立是人类最基本的姿势，是一种静态的美。正确的站姿从整体上给人以挺、直、高，精力充沛，积极进取，充满自信的感觉。

（1）站立的时候抬头挺胸、双肩展开放松，身体挺立，人体有向上的感觉。

（2）下颚微收，双目平视对方，收腹、立腰、提臀，双腿并拢，膝盖挺直，脚跟相碰，两脚间微微分开呈"V"字形。

（3）小腿向后发力，人体重心在前脚掌。

（4）双手自然叠放在身前小腹处或自然背在身后，也可双手自然垂于身体两侧，两腿挺直，膝盖并拢。

（5）不能出现双手抱胸，手叉裤袋，单手或双手叉腰等带有进攻性的姿势。

（6）双手更不能撑扶在物体上，也避免出现趴着或倚靠在物体上等不良的站姿。

（7）不做扣手指、揉衣角等小动作。这些动作不但使人显得拘谨，缺乏自信，更有失礼貌。

（二）走姿

走是人类生活中主要动作，走姿是一种动态的美。标准的走姿是以端正的站姿为基础的。

（1）行走要从容、轻盈、稳重，给人精神饱满、自然大方的感觉。

（2）行走时，上身略前倾，两脚走在一条直线上。

（3）双肩自然平稳，目光平视，下颚微收，双臂伸直放松，手指自然弯曲，双臂自然摆动，摆动幅度适中。

（4）行走的速度不宜过快或者过慢。

（5）走的时候不要摇摆身体，或手叉裤袋等。

（三）蹲姿

在需要捡拾地上的物品或进行其他较低位置的操作时会用到这个姿势。

（1）下蹲时一般一个脚在前，一个脚在后。

（2）双腿大腿紧靠向下蹲。前脚全脚掌着地，后脚跟提起，脚掌撑地，臀部始终向下。

（3）双腿合力支撑身体，使头、胸、膝关节在一条直线上。

（4）绝对不可以采用提臀弯腰的姿势。

（四）手势

手势是服务工作中必不可少的动作，也是一种灵活方便的行为语言。运用手势可以增强表情达意的效果。手势的运用要规范和适度，给人一种优雅、含蓄、彬彬有礼的感觉。

（1）接受与递送在服务中是一种常用的动作。应当双手接受、双手递送，表现出对对方的礼貌和恭敬。当你把物品递交给对方时，应用双手，并轻拿轻放。如对方主动动手帮忙时，要记得道谢。带"尖"的物品，如剪刀、锥子等，应当横着或将尖端朝向自己递给对方，不要用其带尖的一端，直接对着对方，以免伤着对方。

（2）如遇特殊情况无法使用双手时，应使用右手递送和接受。

（3）用手给对方指明方向时，指方向的五指伸直并拢，手掌自然伸直，掌心向斜上方前臂伸直，抬高到约与肩同高的位置，身体略前倾，指尖指向所指方向。另一只手自然垂于身体一侧。

（4）避免用一根手指为对方指引方向。

（5）图书上架、整理图书时，动作幅度不能太大，应轻拿轻放，做到尽可能不打扰到身边的读者。

（6）使用购物手推车时，应双手握住手推车柄，轻缓推动。

三、目光

"眼睛是心灵的窗户"，目光是面部表情的核心。目光是一种真实的、含蓄的语言。

（1）对于注视较远处的读者，目光可注视读者的全身。

（2）当与读者进行近距离交流时，则应注视读者的脸部区域。

（3）如要表达问候、感谢、道歉、询问等需要传递特殊情感及强调重点情绪的情况下，则应注视读者的双眼，以表尊重。

（4）目光应亲切、友善、坦然、有神，要通过目光表达对读者的友善、诚恳和尊敬。

（5）目光不能长时间盯视读者。

（6）避免用扫视、斜视、眯视等方式注视读者。

四、笑容

微笑服务是融洽与读者的关系、缓解与之矛盾的方法，它可以变紧张为缓和，消除读者不满情绪，得到对方的谅解，弥补个人工作中的失误。

（1）微笑时要面部表情放松，嘴角微微上扬。

（2）脸部肌肉舒展，露出4～8颗牙齿。

（3）微笑要亲切、自然，符合礼貌规范。

（4）微笑要诚恳且发自内心，要真挚热情。

(5) 切忌冷笑、偷笑、讥笑等不礼貌的行为。

五、语言

语言是人与人交往中最重要的沟通手段,具有不可替代的重要作用。使用规范得体的服务语言可以达到传递信息、满足需求、沟通情感的效果。

(1) 在服务过程中,称呼服务对象应使用"您",而不要使用"你"。

(2) 正确使用"先生""女士""小姐"等称呼。男性可一律称为"先生",未婚的女性可称为"小姐",已婚的女性可称为"女士",如不清楚对方的婚姻状况,可根据情况对年轻的女性称"小姐",年纪稍大的女性称"女士"。

(3) 也可以使用一些日常称呼,如"老先生""阿姨"等,来拉近与读者的距离。

(4) 多使用"您好""请讲""请稍等""不好意思""谢谢"等文明礼貌用语。

(5) 不应出现"不知道""我都说了好几遍""你连这个都不知道"等,不友好、不耐烦、带有责怪意味的语言。

六、距离

距离指的是在空间或时间上相隔或间隔的长度。也可指高度、认识等方面的差距。在日常服务接待过程,要掌握好适当的社交距离,以示尊重。常见的社交礼仪距离有四种。

(1) 亲密距离,0～0.5米,在这个距离内可感受到对方的呼气、气味、提问等,适用于至亲、夫妻之间等密切的关系。

(2) 私人距离,0.5～1.5米,在这个距离内可感知到大量的肢体语言信息,适用于朋友、亲戚、熟人之间的相处。

(3) 社交距离,1.5～3.5米,用于具有公开关系而不是私人关系的个人,处理非个人事物的场合中,如进行一般的社交活动,办公处理事情等。

(4) 公众距离,3.5～7.5米,用于进行正式交往的个体之间或陌生人之间,如参观、看演出、演讲等。

第四节　服务技巧

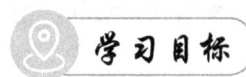

- 了解消费者需求的类型和特点
- 了解出版物质量、员工服务态度等矛盾的表现和处理方法
- 了解客户类型及不同类型客户的服务方式和要求

· 了解电话接待技巧和线上服务

什么是消费者？消费者指满足生活需要而购买、使用商品或接受服务的，由国家专门法律确认其主体地位和保护其消费权益的个人。

一、消费者心理和行为

消费者心理是消费者消费心理和购买心理的总称。

（1）消费者购买商品的一般心理过程包括对商品的认识过程，情绪和情感过程，意志过程。

（2）消费者购买行为的心理类型包括习惯型、理智型、选择型、冲动型、想象型。

（3）消费者购买过程的心理动机可分为求实、求名、求新、求美的心理动机。

（4）影响消费者购买心理的主要因素有：商品本身的因素，宣传的影响，消费服务因素以及外部环境的影响等。

二、出版物消费者的年龄分类和特点

（一）儿童

这类读者常常称为"小朋友"，他们喜欢看色彩鲜艳，图片多的书，喜欢看卡通片、动画片，他们这个群体也是最具好奇心的读者。儿童中又可以简单分为学龄前儿童和入学后儿童。

（二）少年

少年正处于学文化、求知识的阶段，对所有非专业类的图书都会感兴趣，除了教育类的辅导书、参考书以外，他们对文学故事、神话传说、童话寓言、科普探索、艺术人文类的书籍更是非常喜爱和渴望拥有，对于卡通动画片的喜爱也不仅仅是视频片段，同步的动漫书也是他们喜欢的。

（三）青年

这类读者因其年龄不大，初入社会、初涉工作，所以他们会对有助于提高他们工作能力的专业图书比较有需求，除此以外，也因为年纪轻，会对一些新鲜事物，时髦的思想、观点比较感兴趣，对历史文化、人物传记、经济类图书也是兴趣多多。

（四）中年

这个年纪的人，一般都会说"上有老，下有小"，除了工作已经相对稳定以外，在家庭中也承担了相当重要的角色，所以一些与社会、与家庭相关的图书更受他们的欢迎。

(五)老年

这部分读者多数是退休人员,闲暇时间比较充裕,一些修身养性的活动,是他们的最爱,如书法、画画、种花、旅游等,而相关的图书报纸也是必备物品,当然时事政治、法律类的书籍他们也很感兴趣。

三、消费者的类型区分和特点

(一)根据消费者选购习惯区分

(1) 习惯型

这类消费者往往忠于一种或几种品牌,对这些产品十分熟悉,对名家、名社、名著有信任感、注意力稳定,体验深刻,易形成习惯。购买时不假思索,不必经过挑选和比较,行动迅速,时间短,容易促成重复购买。

(2) 理智型

这类消费者具备一定的出版物知识,根据自己的经验和学识判别商品,对商品进行认真分析、比较和衡量才做出决定,在购买过程中,主观性较强,不轻信广告或别人的口头宣传。

(3) 经济型

这类消费者在选购商品时多从经济角度考虑,对商品的价格非常敏感,在对比中,权衡得失,并能发现别人不易觉察的价格差异。

(4) 冲动型

这类消费者个性心理反应敏捷,客观刺激容易引起心理的指向性,其心理反应速度与心理过程也较快,这种个性因素反映到购买的实施时便呈冲动型。此类行为易受商品、外观质量和广告宣传的影响,以直观感觉为主,新产品、时尚产品对其吸引力较大。

(5) 感情型

这类消费者购买行为兴奋性较强,情感体验深刻,想象力与联想力特别丰富,因此,在购买商品时容易受感情的影响,也容易受销售宣传的诱导,往往以商品品质是否符合其感情的需要来确定是否购买。

(6) 疑虑型

这类消费者的购买行为具有内倾性的心理因素,持这种购买行为的消费者善于观察细小事物,行动谨慎、迟缓,体验深且疑心大;选购商品从不冒失仓促地做出决定;听取商品介绍和检查商品时,往往小心谨慎和疑虑重重;挑选商品时动作迟缓,费时较多,还可能因犹豫不决而中断;购买时常常"三思而后行",购买后还会疑心是否上当受骗。

(7) 不定型

这类消费者的购买行为常常发生于新购买者。他们缺乏购买经验,购买心理不稳定，往往是随意购买或奉命购买；在选购商品时大多没有主见，表现出不知所措的言行。持这类购买行为的消费者，一般都渴望能得到商品介绍的帮助，并很容易受外界的影响。

（二）从消费者在购买现场的情感反应区分

（1）沉着型

这类消费者的购买行为平静，但灵活性低，反应缓慢而沉着，因此，环境变化刺激对他们影响不大。持这种行为的消费者在购买活动中往往沉默寡言，情感不外露，举动不明显，购买态度稳重，不愿谈与商品无关的话题，也不爱听幽默或玩笑式的语句。

（2）温顺型

这类消费者由于神经比较脆弱，在生理上不能忍受或大或小的神经紧张，对外界的刺激很少在外表上表现出来，但内心体验持久。这种心理因素表现在购买行为上，一般称为温顺型。此类行为的消费者在选购商品时，往往遵从介绍作出购买决定，很少亲自重复检查商品的品质。这类购买行为对商品本身并不过于考虑，而更注重服务态度与服务质量。

（3）健谈型

这类消费者由于神经过程平衡且灵活性高，能很快适应新的环境，但情感易变，兴趣也很广泛。这种心理因素表现在购买行为上就是健谈型或活泼型。持这类行为的消费者在购买商品时，能很快地与他人接近，愿意交换商品意见，并富有幽默感，喜欢开玩笑，有时甚至谈得忘乎所以，而忘掉选购商品。

（4）反应型

这类消费者在个性心理因素上，具有高度的情绪，较感性，对于外界环境的细小变化能有所警觉，显得性情怪僻，多愁善感。在购买过程中，往往不能忍受别人的多嘴多舌，对售货员的介绍异常警觉，抱有不信任的态度，甚至露出讥讽性的神态。

（5）激动型

这类消费者由于具有强烈的兴奋过程和较弱的抑制过程，情绪容易激动，在言谈举止和表情神态上都有急躁的表现。这种心理因素表现在购买行为上，就是激动型。此类消费者选购商品时表现出不可遏制的劲头，而不善于考虑有否可能，在言语表情上显得傲气十足，甚至会用命令式的口气提出要求，对商品品质和服务质量的要求极高，稍有不合意就会发生争吵。

（三）按照客户类型区分

（1）内部客户

在一个企业内部有很多部门或单位，之间的关系是分工协作，每个单位既是服务者也是顾客，不仅仅是有买卖关系才构成客户，只要存在服务和被服务的关系，就构成了客户关系。因为内部客户是相互的，所以服务也是相互的，只要员工在自己的工作岗位上，明确何时是客户何时是服务者，就能正确提供和索取服务。

（2）潜在的客户

那些尚未和企业或组织发生交易关系的个人或组织，都可称为潜在客户。这类客户是企业积极争取的对象。针对这类客户采取积极主动的服务意识，更能争取到他们。

（3）临时客户

消费较少且具有偶然性。这类客户一般没有明确的购买目的，没有很强的品牌忠诚度，对商品的选择性很强，随意性也很强，如果他们对产品有兴趣，或因为服务态度好，或因当时现场其他因素影响，都有可能成为购买者。

（4）一般客户

消费一般，这类客户属于经济性客户，消费具有随机性，讲究实惠，看中价格优惠，常常在企业和竞争企业之间来回选择，具有不稳定性。这部分客户如果对企业的产品或服务满意，其中的一部分可能会在将来成为忠诚客户或大客户。

（5）忠诚客户

简称长期客户。这类客户不但购买企业的商品且会重复性购买，是企业的忠诚拥护者，还可能成为企业的宣传员。对这类客户，企业可主动收集对方的意见，研究他们的需求，以便紧紧抓住他们。

（6）大客户

也称关键客户。企业能从大客户身上获得高额的利润回报。时间越长，大客户和企业之间的关系越密切，日积月累建立的信赖关系就越牢固，对企业的贡献就越大。企业可有针对性地提供个性化的服务。

（四）按照为客户服务内容区分

（1）硬件服务

硬件是有形的，企业应提供舒适的购物环境、优越的物质设施，配备技术先进的设备等。

（2）软件服务

软件是无形的，通过服务人员的服务意识、服务技巧、服务态度等来赢得客户的满意和信任。

（3）价值服务

价值服务是服务的真正核心。能给客户带来经济、文化、社会价值等的服务。

（4）售前准备

通过各种途径和手段，进行适度的宣传，制作清单、目录等方便挑选。

（5）售中交流

积极与客户沟通交流，及时掌握客户需求，通过介绍、讲述、演示等，帮助客户更好地了解商品。

（6）售后处理

提供包装、送货上门、上架陈列等服务，建立客户档案，完善客户信息数据，进行电话、网络和人员回访，妥善处理客户的投诉。

四、消费者异议和消费者投诉

（一）消费者异议

消费者异议是消费者在购买过程中不明白的，不认同的，怀疑和反对的意见。表现并不是很强烈，具有口头表达为牢骚、抱怨等特征。处理时应注意以下三点。

（1）及时安抚消费者的情绪，与消费者多沟通，让对方多表达自己想法，用微笑、耐心积极地回应对方，并表示理解。

（2）不过度承诺，真实说明情况，把真实的情况告知对方，不要让对方对产品或服务有过高的期望，一旦产生瑕疵反而会造成不良的印象。

（3）适度地给予消费者合理的建议，有时消费者对于自己的需求可能并不是很清晰，这时服务人员可以给予适度的意见，供其参考。

（二）消费者投诉

投诉是消费者因企业提供的产品或服务没有达到期望而提出不满意的表达。向企业管理部门或向社会相关管理部门反映，并要求给予回复或处理结果的行为。

（1）企业方面的原因

产品本身存在质量问题、服务质量存在问题、管理机制的缺失造成的问题、广告宣传造成了误导等。

（2）消费者方面的原因

消费者对商品或服务的期望值过高、消费者对商品或服务的理解出现了偏差、消费者本身个性的问题等。

（三）处理消费者投诉的原则

（1）合法的原则，处理消费者的投诉，必须根据国家相关的法律法规，依法处理。

（2）尊重的原则，处理投诉就是解决问题，不论男女、不分年龄、不讲身份，给予一视同仁的待遇。

（3）理解的原则，理解消费者的真正需求，从消费者的观点出发，体验消费者的内心感觉，理解消费者心中不满。

（4）及时的原则，对消费者的要求作出积极的响应，绝不拖延。

（5）妥善的原则，在合理的范围内灵活应变，以求达到最佳结果。

（四）处理消费者投诉的操作流程

（1）掌控情绪，在处理问题前，既要掌控好自己的情绪，也要安抚好消费者的情绪。

（2）收集消费者信息，认真倾听消费者的投诉内容，记录好投诉的内容，判定投诉内容是否成立。

（3）了解客户类型，不同类型的消费者，需要采用不同的沟通方式。但不管哪种方式，耐心是基本原则。

（4）领会消费者的动机和需求，正确了解消费者的诉求，能更有效地处理问题。

（5）灵活运用多种手段，努力按企业既定的原则解决问题。

（6）在双方意向能基本达成时，应及时落实方案。

（7）在问题解决后，向对方再次表达歉意，并真诚地表示谢意。

五、电话接待

电话是当今社会人与人沟通交流不可或缺的重要工具，也是服务工作中的常用工具。售前咨询、服务询问、建议投诉等都需要使用电话，因此，掌握电话礼仪、规范使用等是服务人员必备的职业素质。

（一）电话服务的语言要求

（1）使用普通话，吐字清晰，发音标准。

（2）注意保持通话时的音量大小。

（3）根据实际情况调整通话语速。

（4）使用语言要言简意赅，语言文明、礼貌，态度热情、友善、谦和。

（二）电话服务的仪态要求

（1）单手紧握听筒，嘴与听筒保持适当距离。

（2）接打电话时精神饱满。

（3）接打电话时保持微笑。

（4）接打电话过程中不吃东西、不喝水。

（三）接听电话的礼仪

（1）及时接听，电话响2～3声时接听。

（2）礼貌应答，在接起电话后，用普通话马上问好，自报单位。

（3）认真倾听，在通话的过程中，应仔细倾听对方的叙述，适时地给予对方回应。

（4）礼貌应对，如对方找的人不是自己，可礼貌请对方等待，并去找接听的人，如要找的人不在，可礼貌地让对方留下姓名、联系方式等，以便转达。

（5）正确挂断，在和对方交谈完毕后，可先由对方挂断电话，然后再轻轻地放好听筒。

六、在线接待

在线客服是企业通过互联网直接面向广大客户群，为客户提供各项咨询和服务，处理客户日常需求，维护企业与客户良好的关系，提升客户对企业忠诚度的在线服务性岗位。

（一）在线客服的工作内容

（1）收集客户信息。

（2）分析总结客户需求。

（3）提供在线的咨询和接待。

（4）及时跟进订单进度。

（5）协调仓储物流。

（6）处理投诉和退换货。

（7）建立客户档案并进行维护。

（二）在线客服的能力要求

（1）思维敏捷，处变不惊的应对能力。

（2）丰富的行业知识及经验。

（3）良好的文字组织和语言表达能力。

（4）具有热情、耐心、谦逊、真诚的服务意识。

（5）高效的行动力和执行能力。

（三）在线客服的接待礼仪

（1）应答使用规范的称呼：使用文字要言简意赅，文明、礼貌，态度热情、友善、谦和。

（2）应答使用规范的格式：积极与客户沟通交流，及时掌握客户需求，通过介绍、讲述、演示等，帮助客户更好地了解商品。

（3）应答使用文明、礼貌的语言。

技能要求

- 了解消费者的基本消费心理状态和需求的特点，更好地为消费者提供高质量的服务
- 掌握一定的和读者沟通技巧和服务礼仪要求，使读者满意
- 了解和分析读者抱怨的原因，进一步避免读者的投诉
- 掌握电话接待的技巧和要求

操作步骤：

（1）打开软件，进入首页面（九大模块），使用右手手柄⑦（扳机键）的射线点击消费者接待的图标按钮，进入消费者接待模块（图5-1）。

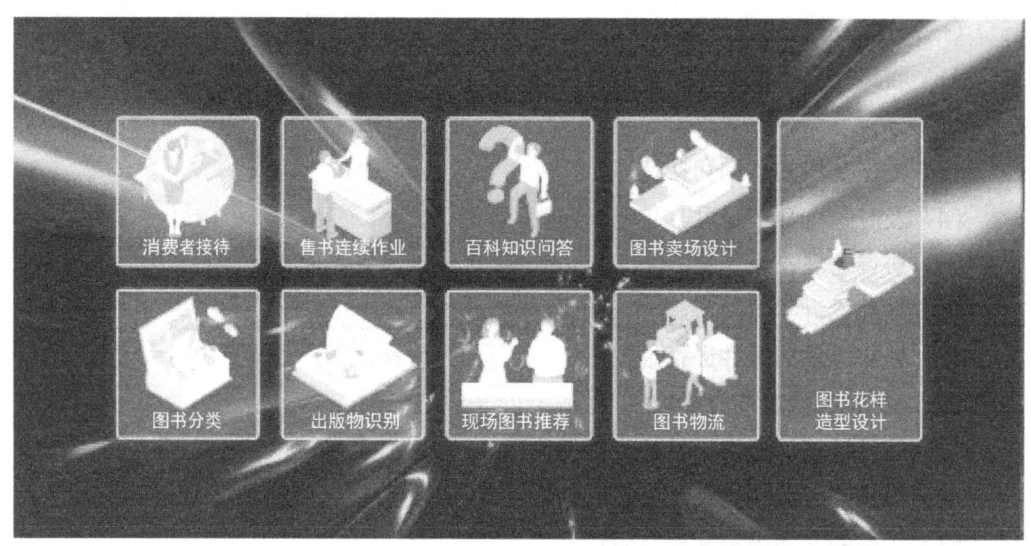

图 5-1　消费者接待模块

（2）场景选择：四大场景按钮，使用右手手柄⑦（扳机键）的射线点击第一个图标按钮"书城"，进入相应场景中（图 5-2）。

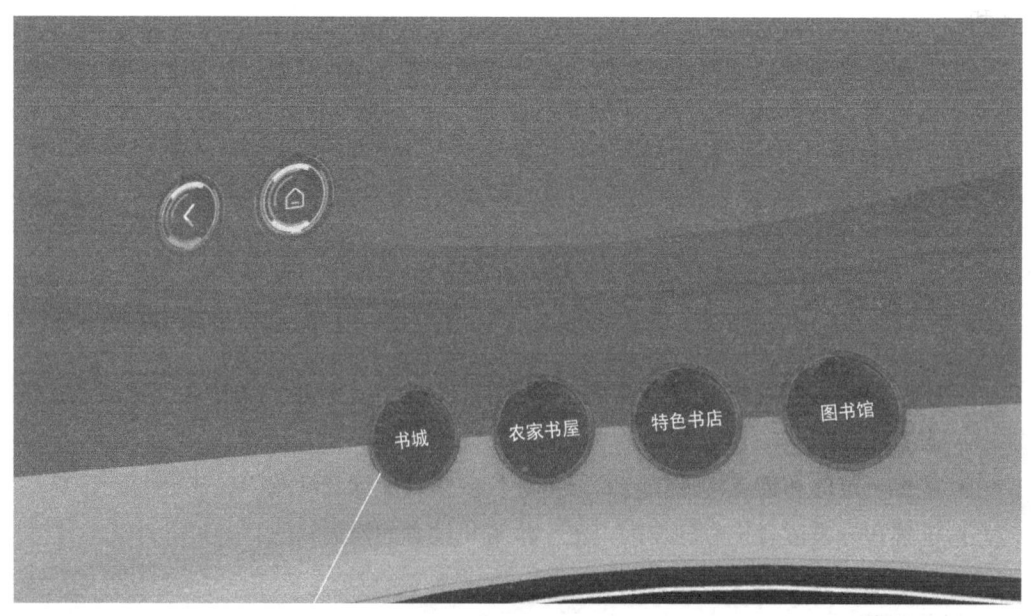

图 5-2　场景选择

（3）进入三维虚拟场景，使用右手手柄⑦（扳机键）的射线点击按钮"教学视频"，播放视频，进行教学视频学习（图 5-3）。

图 5-3 教学视频学习

（4）使用右手手柄⑦（扳机键）的射线点击按钮"教学视频【态度】"（图 5-4），播放视频，进行教学视频学习。

图 5-4 教学视频【态度】

（5）使用右手手柄⑦（扳机键）的射线点击按钮"教学视频【礼仪】"（图 5-5），播放视频，进行教学视频学习。

图 5-5　教学视频【礼仪】

（6）使用右手手柄⑦（扳机键）的射线点击按钮"教学视频【推荐】"（图 5-6），播放视频，进行教学视频学习。

图 5-6　教学视频【推荐】

（7）使用右手手柄⑦（扳机键）的射线点击按钮"教学视频【指引】"（图 5-7），播放视频，进行教学视频学习。

图 5-7 教学视频【指引】

（8）使用右手手柄⑦（扳机键）的射线点击按钮"教学视频【预约】"（图 5-8），播放视频，进行教学视频学习。

图 5-8 教学视频【预约】

（9）使用右手手柄⑦（扳机键）的射线点击按钮"教学视频【检索】"（图 5-9），播放视频，进行教学视频学习。

图 5-9　教学视频【检索】

（10）使用右手手柄⑦（扳机键）的射线点击返回主界面按钮（图 5-10），返回主界面。

图 5-10　返回主界面

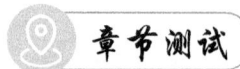

一、简答题

1. 简述门店各级岗位的职责。

2. 简述门店、摊亭服务工作的特点。

3. 简述门店营业员的岗位职责有哪些内容。

4. 陈述门店的规章制度。

5. 陈述门店工作的基本流程。

6. 员工上班时如有个人私事需要离开门店，如何请假？简述一下流程。

7. 员工在接待客户时，有作者上门来推销自己的作品，要求代售并给予好处。营业员应如何回答？简述理由。

二、案例题

8. 场景一

周末是销售小高峰，午后在门店的一处，一位读者带着一个约10岁的小男孩，手持一张写着书名的纸，向身边工作人员寻求帮助。

要求：按服务接待礼仪要求，写出接待过程及接待过程中应注意的细节。

9. 场景二

服务台往往是一个门店中矛盾最集中的地方，一位读者手里拿着一本书，称这本书买错了，要求处理。

要求：写出现场接待过程及细节。

10. 根据读者的年龄特点，分析不同年龄的读者需求，并给各年龄层次的读者各推荐一本读物。

11. 因所购图书质量有问题，读者回家来电投诉，你如何沟通和表达，请简述基本要点。

第六章 出版物推荐

第一节 出版物推荐的定义和意义

学习目标

- 了解出版物推荐的定义
- 了解出版物推荐的意义

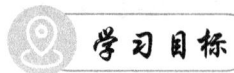

工欲善其事,必先利其器。要做好出版物的推荐服务工作,必须先了解什么是出版物推荐,出版物推荐工作的意义又在哪里。

一、出版物推荐的定义

图书发行企业通过一定的宣传、陈列手段,把出版物介绍给读者的过程称为出版物推荐。出版物推荐分为主动性推荐和被动性推荐两种。主动性出版物推荐包括:卖场排行榜、推荐榜、新书展示架的陈列、卖场码堆、卖场海报、促销现场的吆喝、营业员主动向读者口头推荐等。被动的出版物推荐,是指读者有明确购买目的,主动询问营业员,营业员根据读者的需求进行的推荐。

二、出版物推荐的意义

出版物是传播科学文化知识和意识形态的非常广泛使用而有效的载体之一。我们常说图书发行企业是连接出版社和读者的桥梁,是党的宣传阵地,每一位图书发行员的主要责任就是为读者找书,为书找读者。出版物的价值(社会效益和经济效益)也是通过销售工作得以完成,而出版物推荐正是销售得以实现的最重要方式。由此可见,出版物推荐是图书发行从业人员必须具备的业务技能之一。

（一）宣传重点图书

出版物推荐可以把值得推荐的好书,以较为高效率的方式推荐给合适的读者,让读者可以在浩如烟海的出版物中,直奔主题,带有一定的宣传导向性。

（二）方便读者选购

出版物推荐可以帮助有明确购买目的的读者,在最短的时间内,找到需要购买的图书和同类书。

（三）提高企业效益

出版物推荐能通过门店有效促销活动,带来一定的规模效益,明显扩大相关品种的经济效益（销售数量）。

第二节　门店零售的出版物推荐

学习目标

- 掌握门店零售过程中推荐出版物的各种方法
- 营业员口头推荐的要点
- 如何培养营业员口头推荐的能力

知识要求

书店作为连接出版社与读者的桥梁,门店零售工作中的出版物推荐是营业员工作的重点。通过各种宣传、推荐方法,把值得推荐的、具有潜在价值的出版物,推荐给合适的读者。真正践行"为读者找书,为书找读者"的方针。

一、通过卖场的陈列、宣传推荐出版物

（一）头牌位置陈列

头牌位置一般是指在卖场各个区域的主通道处最显眼的位置。书店会把重点图书陈列在头牌位置上,吸引读者注意力,向读者做最直观的推荐。

（二）排行榜、推荐榜、新书展示专架陈列

书店会在书店进口最醒目地方设有最新（月或季度）的排行榜和推荐榜,向读者展示畅销书。排行榜是根据卖场按照营销大类的销售数据，集中陈列，以求读者关注、购买。推荐榜则是由书店根据市场热点、出版社交流信息和百道网、开卷等网站信息，并结合自身工作经验，向读者推荐好书、重点图书，也可以展示书店的格调。

新书展示专架陈列是书店在每天到货中，挑选出最值得向读者进行展示、推荐的新品种，以求扩大新品种图书的销售数量，并能让读者感受每一次到书店带来的新鲜感受。

（三）码堆陈列

码堆陈列是指把一定数量的图书，摆放成一定的造型。码堆陈列一般设置在主通道的两侧，或者自动扶梯的出口处。通过新颖的造型，吸引读者的注意，引起读者购买的欲望。被码堆的图书一般有以下几个原则。

（1）政治、时事需求。

（2）书店营销活动相关图书。

（3）出版社重点推荐图书或者打榜的图书。

（4）市场热点及媒体关注焦点。

（5）书店认为值得推荐，有潜在市场价值的好书。

（四）营销活动图书集中陈列

门店经常和出版社合作举行大型营销活动，由于现在的出版社出版范围都比较宽泛，参与活动的图书可能分散在各个不同的区域。为了方便读者选购，我们就把参与活动的图书集中起来陈列，通过折扣、赠品派发等方式进行促销。

书店员工也可根据市场热点，如重要节日即将到来，在现有品种或组织一批同类型图书，做一个阶段性主题图书展示，即使没有折扣，也能吸引读者购买。

（五）卖场海报

卖场海报是出版社和书店一种最常规，也是非常有效的推荐方式。海报设计是视觉传达的表现形式之一。通过版面的构成，能够在第一时间内将人们的目光吸引，并使受众获得瞬间的刺激。这要求设计者将图片、文字、色彩空间等要素进行完整的结合，以恰当的形式向人们展示宣传信息。海报这一形式，最早起源于上海。"海报"一词演变至今，范围早已不仅仅限于职业性戏剧演出的专用张贴物了，同广告一样，它具有向群众介绍某一物体、事件的特性，出版物发行企业也常常运用卖场海报来向读者进行出版物推荐介绍。其语言要求简明扼要，形式要做到新颖美观。卖场海报一般分为两种。

1. 营销部门统一制作的海报

由营销部门的专门设计团队设计的海报或吊牌，一般用于营销活动。特点是设计的专业性和内容的统一性强。

2. 班组员工设计的手绘海报

营销部门制作的海报有限，涵盖面窄，不能完全满足营业班组宣传、推荐的需求。

这就需要班组成员自行设计手绘海报来填补。手绘海报的专业性较弱，但亲和力较强，能更直观反映设计者的推荐思路。

（六）电子显示屏广告效应

在书店卖场条件许可的情况下，在主要通道设置电子显示屏，进行广告、活动通知等方式展示，也可推荐重点图书，当然需要书店精心挑选，自主设计版面，需要一定的专业技能。

二、营业员口头推荐

在门店零售工作中，营业员对出版物的口头推荐是图书发行工作的基础性工作之一，也是营业员与读者沟通的有效方式，没有沟通，营业员与大卖场的理货员无异；有了沟通的过程，帮助读者确定了购买意向，图书销售的效果才能显著。

（一）营业员主动推荐

营业员的主动推荐要取得较好的效果，必须注意到以下几点。

1. 注意推荐的时机

营业员应该在读者表现出想购买而选择哪一本犹豫不定的时候，上前主动招呼。过早地主动推荐，可能会把没有明确购买目的的读者吓走或者使读者厌烦。

2. 在推荐前要注意观察读者

在主动推荐之前，要对读者注目的书架有所观察，做到有的放矢。只有在了解读者需求的基础上的推荐才具有针对性、高效性。

3. 在推荐时，应该先主动询问读者的需求

通过观察，我们虽然可能大致了解读者的需求，但也可能只是读者随意的浏览。所以，我们还是应该主动问询读者："请问，有什么可以帮您吗？"这样就可以更清晰地了解读者的需求，从而作出精准推荐。如果读者的回答是随便看看，那就不要继续打扰读者，让读者自己挑选。

4. 营业员主动推荐的原则

应该是把合适的出版物推荐给合适的读者，但不能一味迎合读者。应该起到一定的引导宣传作用。

5. 营业员主动推荐的内容

营业员向读者推荐出版物，应该向读者介绍出版物的大致内容，作者背景，读者对象。还可视情况进一步向读者说明出版物的装帧、版别、纸张、开本等专业信息，也可解释一下同类图书与推荐图书的差异之处。

6. 促销现场的吆喝

这是针对特定的品种，在特定的场合进行有效促销，如书展现场或签售现场，人流密集，吆喝能有效地提升读者关注度，但在一般性的书店现场，吆喝会影响其他大部分读者的阅读体验，效果很差（菜市场喧嚣的感觉）或降低了书店的格调品位。

也可以通过卖场吆喝的另外一种方式达到促销的效果,如在少儿区域布置一个相对分隔的区域,临时邀请一些小朋友,家长也可在周边关注,安排一位营业员做一个主题活动,《×××讲故事》《讲×××科普》等,并进一步与小朋友互动,但一定要注意不能影响到其他区域的读者。

（二）营业员被动推荐

营业员被动推荐,是指有明确购买目的的读者,主动向营业员询问出版物的情况。营业员在面对被动推荐场景时,一般有几种可能。

1. 读者问询的是本班组的图书,而且有货

营业员应该帮读者找到他需要的图书,并对该图书的同类书进行推荐。

2. 读者问询的是本班组的图书,但无货

营业员应该耐心向读者说明无货的缘由。是售缺还是从未到货,是否还会进货。如果还会到货,则应帮读者做好缺书预订。同时,做好同类书的推荐。

3. 读者问询的不是本班组的图书,计算机查询后显示有库存

营业员应该落实首问责任制,同楼层的应该带读者到其他班组,交接给其他班组的营业员。非同楼层的,应该详细向读者说明应该到第几层再去咨询该楼层的营业员。如果读者问询的不是本班组的图书,且计算机查询无库存,营业员还是应该带读者到相应班组或介绍到相应楼层,让主管此书的营业员进行同类书推荐。

（三）同类书的推荐

同类书是指出版物所讲述的内容有类似性,在某种程度上可以作为替代品的出版物。比如,读者要购买《一课一练》,那么我们就可以推荐相似的,不同出版社出版的教辅读物,诸如《金试卷》《堂堂练》之类。又如,读者在翻阅紫金陈的《无证之罪》时,营业员就可以向他推荐《坏小孩》《长夜难明》等。同类书推荐,一来可以弥补读者需要购买的图书正好售缺的遗憾,同时也能让读者在更广的范围内作出选择,这是营业员口头推荐的重要内容。

（四）营业员口头推荐技能的培养

营业员口头推荐涵盖了图书知识、消费者心理、谈判技巧等诸多方面的技能。要做好口头推荐,就必须在平时从以下几个方面培养、训练自己的能力。营业员口头推荐技能的培养方式有以下几种。

1. 了解相关图书

要做好口头推荐,就必须对自己管理的图书,有一定的熟悉。能大致阐述出版物的内容和作者背景,同类书之间的异同,适合什么人群阅读,这需要不断地积累知识。可以通过内容提要、前言、后记了解出版物,也可以在网上查询相关信息。对于重点出版物或者自认为推荐价值高的出版物,尽量做到全书阅读。这样才会产生发自内心的观感,从而和读者交流并取得共鸣。

2. 懂得一些消费者心理学

应该学习一些消费者心理学方面的知识。了解消费者心理，掌握消费者的消费习惯，才能事半功倍，有的放矢。

3. 了解读者需求

要培养自己的共情能力，学会换位思考。设身处地地为读者考虑，为读者解决问题。

4. 提高与读者沟通表达的能力

要锻炼自己交流、谈判的能力。注意语言的准确和精练，语气的平和谦逊。通过在实践中不断和读者交流，积累经验，锻炼、提高自身交流能力。

5. 要善于向读者学习，提升自身业务水准

读者中不乏专业人员，我们在推荐出版物的时候，通过和读者的沟通、交流，可以从读者那里学到很多知识来充实自己。可以和这些专业的读者成为朋友，把这些读者发展成为基本读者。

技能要求

- 了解卖场的陈列、推荐出版物有几种方式
- 掌握营业员主动推荐的方法
- 掌握营业员被动推荐的方法
- 掌握营业员口头推荐培养方式

第三节　团购客户和网购客户的出版物推荐

学习目标

- 了解向团体客户推荐、介绍出版物的方法
- 了解网上书店推荐出版物的特点和方法

知识要求

我们不仅需要在门店零售过程中向读者推荐、介绍出版物，在接待团购客户和网

上销售时，同样需要向读者推荐、介绍出版物。由于团购客户和网上购书与卖场展示方式不同，因此推荐出版物也有其各自的特点。

一、团购客户的出版物推荐

团购客户是书店销售工作的重点，怎么向团购客户推荐、介绍好书，也成为书店销售工作的重中之重。一般来说，向团购客户推荐出版物，在现场采购的方式外大致还有以下三种形式。

（一）制作电子书目

根据相应类别销售排行榜数据，新书到货数据，制作电子书目，并发送给不同需求的团购客户。电子书目中含有书名、定价、作者、版别、书号、库存数等信息。团购客户可以在书目中勾选自己需要购买的图书。一般来说，电子书目包含的品种多，适合团购客户集中、大批量采购。缺点是品种太多，且缺乏图片信息，客户缺乏直观的感受，选购误差多。

（二）制作推荐书单

由于电子书目的缺点，书店的弥补策略是制作推荐书单，并按时发送给团购客户。与电子书目相比，推荐书单的品种会少很多，一般以新出版的图书为主。推荐书单中除了含有书名、定价、作者、版别、书号等信息外，还有图书的封面图片和图书内容简介的信息。推荐书单的推荐品种一般在 30 ~ 50 种，对团购客户来说更能直观了解新书的内容，方便团体客户选购。

（三）重点图书征订单

根据时事的需要，出版社和书店会对机关、企事业单位进行重点图书信函征订，以有效控制成本和规模。书店可在制作好本单位征订函件后，通过电子邮件、信件邮寄、上门拜访、电话联系、微信等方式进行推荐，达到快速确定销售目标和进货数量的目的，党建类和教材课本发行是重点类别。特点是时间紧、任务急、成本高、对客户的信息掌握要求高。

二、网购客户的出版物推荐

进入移动互联网时代以来，网上购物对实体店销售的冲击越来越强。网上购物既方便、快捷，还具有价格和品种优势。传统实体书店也纷纷推出了自己的网上购书项目，通过整合线上线下来做大销售。在网上销售图书，同样需要对出版物进行推荐。

（一）通过网站设计，突出重点，进行出版物推荐

通过调整网站首页，把参加营销活动的图书和值得推荐的图书放在首页的首要位置，使读者登录网站的第一时间就能看到我们推荐的图书。这是网上书店推荐图书的最基本做法。

（二）通过大数据分析功能，对读者进行图书推荐

通过大数据，自动对读者浏览、搜索习惯进行分析，掌握读者的兴趣、爱好。在

搜索结果中显示读者可能感兴趣的关联出版物，在首页上动态展现与读者兴趣相关的出版物。运用大数据技术对读者进行精准化营销、精准化推荐。

（三）客服通过社交工具与读者沟通，进行出版物推荐

网上书店的客户服务是被动的，一般来说，通过客服推荐、介绍出版物的机会并不多。但当读者在网站中搜索不到需要购买的图书时，会向在线客服求助。这就需要客户具备相应的业务技能，能够设身处地地为读者解决问题，向读者推荐可以替代的同类书。

三、运用新媒体进行出版物推荐

当下这个时代，是自媒体和社交媒体的时代，所以我们在出版物推荐和介绍上，也要充分利用自媒体和社交媒体。

（一）微信公众号推荐

当前，出版物发行企业一般都开通了企业的微信公众号，设人专门维护。发布各种营销活动信息，向公众推送出版物的相关信息，进行出版物推荐、介绍。

（二）微信群推荐

门店在日常经营过程中，可以通过微信群二维码分享，让同趣读者加入同一微信群中。在微信群中，有专门人员负责维护，定期向读者推送出版物信息。由于加入的都是同趣读者，使得出版物推荐更具有针对性。比如，文学班组的微信群，定期向读者推送文学方面的新书出版情况，让文学爱好者及时掌握出版动态，可以提早了解心仪图书的信息。

（三）线上直播推荐

目前，直播带货是社会热点之一，一批直播带货网红的崛起，使这个新颖的销售手段风靡当下。出版物发行企业当然也不甘落后，尤其在新冠疫情期间，通过视频直播向读者推荐、介绍出版物，不失为一个弥补卖场客流的好方法。

技能要求

- 了解向团体客户推荐出版物的方法
- 了解网购客户的出版物推荐的方法
- 了解新媒体进行出版物推荐的方法

操作步骤：

（1）打开软件，进入首页面（九大模块），使用右手手柄⑦（扳机键）的射线点击现场图书推荐的图标按钮，进入现场图书推荐模块（图6-1）。

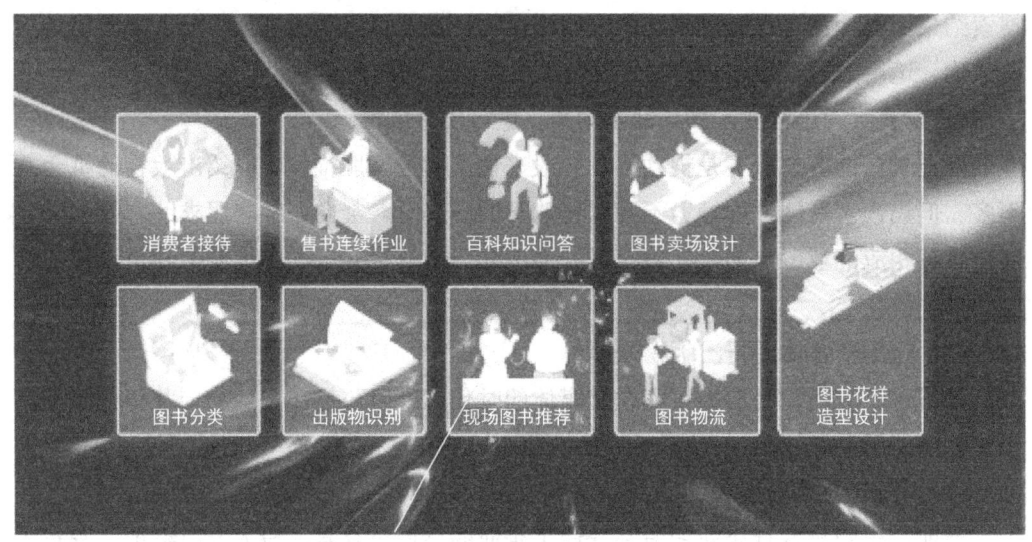

图 6-1　现场图书推荐模块

（2）场景选择：四大场景按钮，使用右手手柄⑦（扳机键）的射线点击第一个图标按钮"书城"（图 6-2），进入相应场景中。

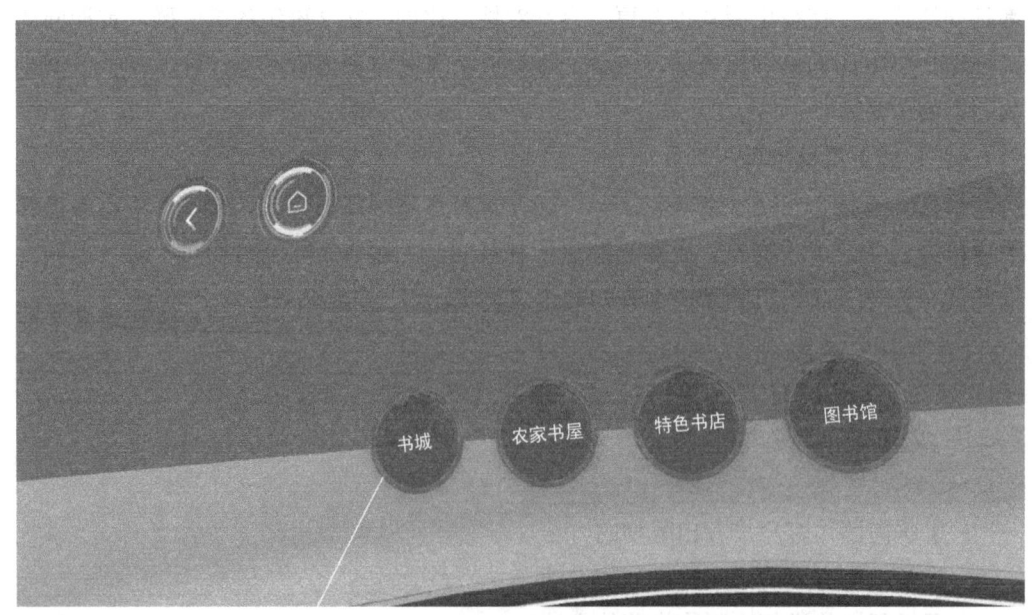

图 6-2　书城场景

（3）进入三维虚拟场景，使用右手手柄⑦（扳机键）的射线点击热销书架上的图书，然后点击《楷书入门》，观看《楷书入门》书籍推荐视频（图 6-3）。

图 6-3 《楷书入门》书籍推荐视频

（4）使用右手手柄⑦（扳机键）的射线点击《朗读手册》，观看《朗读手册》书籍推荐视频（图 6-4）。

图 6-4 《朗读手册》书籍推荐视频

（5）使用右手手柄⑦（扳机键）的射线点击《三毛流浪记》，观看《三毛流浪记》书籍推荐视频（图 6-5）。

图 6-5 《三毛流浪记》书籍推荐视频

（6）使用右手手柄⑦（扳机键）的射线点击《唐诗简史》，观看《唐诗简史》书籍推荐视频（图 6-6）。

图 6-6 《唐诗简史》书籍推荐视频

（7）使用右手手柄⑦（扳机键）的射线点击《习近平的七年知青岁月》，观看《习近平的七年知青岁月》书籍推荐视频（图 6-7）。

图 6-7 《习近平的七年知青岁月》书籍推荐视频

（8）观看视频学习完毕，使用右手手柄⑦（扳机键）的射线点击返回主界面按钮，返回主界面（图 6-8）。

图 6-8 返回主界面

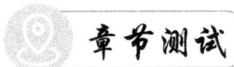

简答题

1. 简述向团体客户推荐出版物的方式。

2. 网购客户的出版物推荐有哪些内容？
3. 新媒体进行出版物推荐有哪些方式？
4. 码堆陈列需要注意哪几点？
5. 简述排行榜、推荐榜、新书展示专架陈列有哪些特点。
6. 卖场阶段性主题图书展示如何操作？举例说明如春节即将到来，你如何布置？
7. 提高营业员口头推荐技能要注意哪些方面？
8. 卖场吆喝要注意什么？

第七章 售书连续操作

第一节 门店售书连续操作的定义和发展

学习目标

- 了解售书连续操作的定义
- 了解售书连续操作的发展和变迁

知识要求

售书连续操作是图书发行企业业务流程中的重要环节；是企业与读者之间发生商品交易的过程。随着社会的发展，售书连续操作也在不断与时俱进，不断改变和扩展内涵和外延。

一、门店售书连续操作的定义

传统意义的门店售书连续操作，是指在门店销售环节中，读者完成图书挑选后，由门店营业员对其所挑选的图书进行结算、收款、包扎，开具支票、发票的过程。当前，由于购书形式的不断发展以及服务理念的逐步深化，现在的团购客户需求和网络销售过程中的售书连续操作，既有与门店零售连续操作相同的地方，同时也具有自身的特点。

二、售书连续操作的发展演变

（一）计算工具的发展

在售书连续操作过程中，我们需要通过一定的计算工具，对读者选购的图书进行计算汇总。常见的计算工具主要有以下三种。

1. 算盘

我国最早的机械式计算工具是算盘,早在15世纪,算盘已经在我国广泛使用。它的优点是结构简单,使用方便,实用性强,它计算数目较大的和数目较多的加减法,更为简便。缺点是对结算人员的技能要求比较高,而且算盘受到震动容易出差错,需要重新计算。

2. 数学计算器

自20世纪90年代中期,算盘逐渐被数学计算器取代。数学计算器是一种小型电子计算工具。一般由电源与开关、显示器、键盘和内部电路等几部分组成;一般的数学计算器与计算机不一样,数学计算器通常仅能完成算术运算和少量逻辑操作并显示其结果,但不能修改它的程序。计算器的优点是体积小而且重量轻,便于携带;对操作人员的技能要求较低,操作简便;运算迅速准确,是一种很受欢迎的计算工具。

3. 商业电子收银机

商业电子收银机又称POS机,20世纪90年代末,POS机是微电子技术发展及现代化商品流通管理理念和技术发展结合的产物,其强大的使用功能使之迅速成为现代商业零售管理必不可少的基本电子设备之一。

收银员通过对顾客购买信息的录入,收银机作出快速的响应,正确地计算出该笔交易额并显示出应收数字、实收金额、收款方式等信息,减少了收银员对交易数额的计算时间,提高了收银速度,特别是商品条形码的技术应用使收银速度提高了数倍,提高了工作效率,方便了顾客,更是企业进行数据化分析、管理的必备工具,POS机已成为现代商业企业的主流设备。缺点是结算一码多品的图书时,需要选择进行人工干预。

(二)记账工具的发展

门店管理中,销售和库存管理非常重要,这就要求我们做好销售记录。以前,我们是通过计数单对销售进行记录,库存进出管理更是通过卡片登记方式进行核对和统计,工作量大且容易差错,对门店的库存管理非常不利。现在,门店都是通过POS系统,在结账销售的同时,对销售进行实时记录,通过连接数据库进行计算机系统管理,大幅提高了销售与库存管理的准确性、科学性。

(三)发票的发展

发票是一切单位和个人在购销商品、提供或接受服务以及从事其他经营活动中,所开具和收取的业务凭证,是会计核算的原始依据,也是审计机关、税务机关执法检查的重要依据。书店的发票系统大致经历了三个阶段的发展。

(1)早期是手工开具的发票,要求在发票中以水笔填写品种或类别、数量册数、金额大小写、日期、单位抬头及开票者签名,并加盖税务章予以确认。缺点是数量大,查账检核不易，容易发生人为差错，废票多的问题。

（2）中期的发票发展为机打发票，要求开票者在计算机中输入相关信息，或导入小票信息，然后通过针式打印机，在发票上打印。缺点是纸张消耗大。

（3）现在的发票以电子发票为主，提倡无纸化办公，以 pdf 格式发送到读者邮箱。对于需要纸质发票的读者，我们提供 A4 纸打印的纸质发票。

（4）另外，对于需要增值税发票和对发票有特殊需求的读者，我们还是保留了部分机打发票。

（四）支付方式的发展

随着互联网的发展，顾客的支付方式也在进行着翻天覆地的变化。以前，个人支付只有现金、银行卡、储值卡和领书券，团购单位则是用支票或转账。现在，使用现金的比例大幅降低，使用微信、支付宝等电子货币进行移动支付已经成为消费支付的主流。相对而言，现金支付，收到假币的可能性大，找零出错的概率高且检核不易，发生纠纷确认不便。而移动支付，没有假币的风险，也不存在找零差错的问题，还能解决分币找零的问题。唯一要注意的是在输入收款金额时要耐心细致，不能输入错误的金额。

第二节　收银岗位的岗位职责和规程

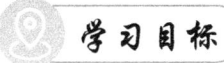

- 了解门店收银岗位的岗位职责
- 了解门店收银岗位的操作规程

收银员工作除了完成各项收款业务之外，还担当了企业形象展示的角色。收银操作不只是单纯地为读者提供结账服务，还是向读者展示企业的文化和礼仪的窗口。

一、收银岗位的岗位职责

（1）熟悉门店服务规范和门店布局状况，了解门店的重点宣传及促销活动项目，热情并适当简洁回复顾客，具体的服务需求可以转交相关区域营业员处理。

（2）规范操作收银设备，掌握各种收银技能，注意本区域安全。

（3）营业中保持收银区域（所属区域）整洁卫生。

（4）做好收银工作，要求唱收唱找，音量中等且顾客能够听见，并做好结算、收费、谨防假钞及为顾客包装等相关工作。

（5）当发现商品品名、货号等有不一致情况，及时通知相关部门人员处理。

（6）熟悉会员卡注册、优惠、积分使用规则等，熟悉各类卡券的使用或者操作规定，解答读者相关业务咨询。

（7）营业结束后清点备用金，及时清点营业款，汇总收据、拉卡清单，规范填写相关报表并做好上交，整理收银区环境。

（8）完成领导交办的其他工作。

二、收银岗位的操作规范（细则）

（1）统一着装，整理好仪容仪表。

（2）参加每日晨会；内容为工作安排，了解促销活动及工作注意事项。

（3）不得携带包、现金或与收银无关的私人物品进入收银区域。

（4）晨会结束后至财务处领取备用金钱，兑换零钱，备足找零款。

（5）根据指定路线到达各自收银区域，打扫卫生，检查、补充收银物资和促销宣传物品。

（6）连接电源，打开所有收银设备；登录收银系统，检查所有设备运行是否正常。

（7）开机进入POS机系统时，必须使用自己的工号和密码，不得使用他人的号码登录。

（8）将备用金放置于收银机内，将收银章、印台、打包纸等准备好，做好迎客前准备工作。

（9）读者走近收银台时站立迎客，面带微笑，目光平视读者，礼貌用语，使用普通话"欢迎光临"，音量适中。

（10）双手接过读者手中的物品，进行条形码扫描。

（11）当所有物品扫描完毕后，正确报出价格，收银机的价格显示牌须面向读者。

（12）读者使用现金支付时，应辨认货币的真伪，辨认过程应尽可能做到公开和迅速，在确认无误后，准确地"唱收唱找"，找零当面点清。

（13）读者使用银行卡支付时，双手接卡，拉卡输入准确金额，与读者确认金额，请读者在密码键盘输入卡密，等银行卡单据打印出后，再次请读者核对单据金额，并确认签字。

（14）读者使用微信、支付宝等移动支付时，请读者出示相应的付款码，进行扫描，且与读者当面确认收到货款。

（15）收银完毕后，双手递送物品，同时使用普通话说"谢谢再见"。

（16）收银台里备用金和营业款，不得挪作私用或私自借给他人使用。

（17）收银员因事需暂停收银并离开收银区域时，须向上级领导说明情况得到允许后，锁好收银机带走钥匙，并做好交接工作方能离开。

（18）在收银过程中，发现任何问题应及时向上级领导汇报。

（19）收银员在每天营业结束后，须退出 POS 系统，关闭收银机器，清点当天的备用金、营业款、各类拉卡单据和凭证，并正确填写解款单，一同上交到财务部门。

第三节　门店售书连续操作的流程和要求

学习目标

- 了解门店售书连续操作的流程
- 掌握门店售书连续操作的要求

知识要求

门店售书连续操作有一套完整的操作流程和要求，随着时代的变迁和社会的发展，这些操作流程和要求在不断发生变化。而团购和网店的售书连续操作也因为各自的特点而拥有各自的特色。

传统门店售书连续操作的流程和要求

（一）礼貌招呼

在读者挑选完图书，走向收银台时，收银员应该主动礼貌招呼，用普通话说"欢迎光临"，然后双手接书，开始结算。

（二）结算

使用 POS 机，对读者选购的图书进行结算。在结算的过程中要认真细致，不能漏扫。对于一码多品的图书，要认真核对书名和定价。要做到整个结算过程快速准确。

（三）收款

根据读者提供的支付方式收款，要做到唱找唱收。对于现金要当场验看，防止收到假币。对于其他支付方式，也要认真核对无误后，在 POS 机上完成收银流程，并把 POS 小票交给读者。提醒读者保留小票，以备以后处理售后服务时使用。

（四）开具支票和发票

开具支票和发票是图书发行员售书连续操作业务考核的环节，也是过去门店员工的业务基本功。虽然现在由于社会发展，支票在门店销售中已经不太出现，手工发票也早已淘汰，所以在门店实际售书连续操作中，碰到这两个项目的可能性不大。但作为一个图书发行员，至少还是需要掌握开具支票的技能。在开具支票时，金额的大写必须顶格，小写前要有人民币符号。时间、抬头、用途、开票者签名等都必须认真填写，不能有差错。

（五）包扎图书

根据读者购买图书的数量，选择不同的包扎方法。对于册数少的，可以用腰封把书包起来。购买数量多的就要用牛皮纸来包扎。根据捆扎方式的不同，又可以分为十字形、二十字形和井字形。十字形一般用来捆扎一摞图书；二十字形用来捆扎两摞图书；井字形用来捆扎四摞图书。

图书包扎的要求是：底部的图书封面朝上；顶部的图书封面朝下；精装本书脊朝外并放在包件的中间；平装本书脊朝里；包件的高度在 20 厘米左右；包件要求牢固整齐。

（六）礼貌道别

图书包扎完毕后，应双手将图书递交给读者，并礼貌道别："谢谢再见。"

第四节　门店团购售书连续操作的特点

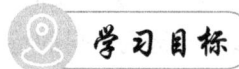

- 了解团体购买选购的方式
- 了解团体购买的操作流程
- 了解团体购买的支付方式

团体购买是创造企业当前及未来利润不可或缺的重要部分，对企业销售目标的实现起着至关重要的作用。

一、团体购买的方式

（1）现场采购，读者在门店按自己的需求，从现场直接挑选需要的图书。

（2）按书单需求采购，门店向团购单位客户提供可配送清单，客户确认需求后向门店提出所需清单，然后要求工作人员按书单配全；或客户根据自身需求，通过电话、邮件、微信等方式发送图书需求清单，同样要求工作人员按书单配全。

二、团体购买的操作流程

（1）提供团体购买的客户资料，包括单位、联系人、联系方式等。

（2）获得团体购买的资质和凭证，以此可以享受相应的折扣让步。

（3）提出团体购买的具体需求，如品种的内容、数量，整理分配打包的需求等。

（4）门店有的物品，当场提供；如门店没有的，做好记录，进行添配进货。

（5）挑选完毕后，去相应的收银区域进行结算。

（6）将结算完的商品进行包扎打包。

（7）开具相关发票，如需送货的，填写送书单，约定发货时间。

三、团体购买支付方式

团体购买的码洋通常金额较大，所以结账方式一般使用支票或转账或公务卡支付（银行卡），很少会使用其他支付方式。

四、团体购买的其他售后服务

（1）数据加工：有些图书馆，在采购时，会要求门店为其进行数据加工。有条件的门店就需要派出人手，进行数据录入，为图书编码加工。

（2）配送：团购销售的数量都比较大，这就需要门店安排车辆配送。根据客户的需求，按时准确地将图书送交给客户。

（3）上架：有的图书馆或企业会要求门店帮忙，购买的图书协助上架，门店派出人手，在客户规定的时间内，根据客户的需求，负责图书上架完毕。

第五节　门店网上售书的特点

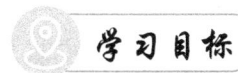

- 了解网上选购的方式
- 了解网上购买的支付方式

知识要点

随着时代的发展，科学技术的进步，人们的消费习惯也有着巨大的变化，网上购物成了现在最方便、快捷的购买方式。

一、网上的选购方式

（1）企业的网络主页各有特色，活动内容是吸引读者的关键。

（2）淘宝、京东等购物平台，利用网上直播销售商品已成为主流。但直播受制于主播的影响力。

（3）微信小程序、App 的推荐商品正成为一种新的潮流。

二、网上购买的支付方式

网上购买是通过电子支付实现账款的结算去完成网上交易，早期的网上购物，到货付款的方式已逐步淘汰。

电子支付概念是指单位、个人直接或授权他人通过电子终端发出支付指令，实现货币支付与资金转移的行为。

电子支付的类型按照电子支付指令发起方式分为网上支付、移动支付、销售点终端（线下）交易、自助柜员机交易和其他电子支付。简单来说，电子支付是指电子交易的当事人，包括消费者、厂商和金融机构，使用安全电子支付手段，通过网络进行的货币支付或资金流转。

三、电子支付的特征

（1）电子支付是采用先进的技术通过数字流转来完成信息传输的。

（2）电子支付的支付方式都是采用数字化的方式进行款项支付的；而传统的支付方式则是通过现金的流转、票据的转让及银行的汇兑等物理实体流转来完成款项支付的。

（3）电子支付的工作环境是基于一个开放的系统平台（互联网）之中；而传统支付则是在较为封闭的系统中运作。

（4）电子支付使用的是最先进的通信手段，如互联网、Extranet 等；而传统支付使用的则是传统的通信媒介。

（5）电子支付对软硬件设施的要求很高，一般要求有联网的微机、相关的软件及其他一些配套设施；而传统支付则没有这么高的要求。

（6）电子支付具有方便、快捷、高效、经济的优势。用户只要拥有一台上网的 PC 机，在很短的时间内完成整个支付过程。支付费用成本维护非常低。

四、电子支付的类型

（一）网上支付

网上支付是指电子交易的当事人，使用电子支付手段通过网络进行的货币或资金流转。

当事人：消费者、厂商、金融机构。

方式：网上银行、第三方支付。

（二）移动支付

移动支付是指使用普通手机或智能手机完成支付或确认支付，而不是用现金、支票或银行卡支付。

买方可以使用移动手机购买一系列的服务、数字产品或实体商品。通过移动设备、互联网或者近距离传感直接或间接向银行金融机构发送支付指令产生货币支付与资金转移行为，从而实现移动支付功能。移动支付将终端设备、互联网、应用提供商以及金融机构相融合，为用户提供货币支付、缴费等金融业务。

移动支付标准的制定主要是银联和中国移动两大阵营在参与组织。数据研究公司IDC的报告显示，2017年全球移动支付的金额已突破1万亿美元。强大的数据意味着，全球移动支付业务将呈现持续走强趋势。

（三）电子货币

从形态上讲，通过微信、支付宝或银行的电子货币等系统完成支付或转账，系统里的这些数字代表我们的个人现金资产。借助微信、支付宝或网上银行这些渠道得以实现。

严格意义上讲，电子货币这一概念其实是不存在的。而是只有电子汇款、电子转账的概念。电子汇款、电子转账仅仅是信息层面上的转移，实际资金并没有真正交付。而电子货币这一名词，实际是我们在操作过程中自我生成的一个概念。尽管很多人提出了电子货币这一概念，但实际上它隐含的是电子汇款、电子转账的意思。因此，可以这么理解，从严格意义上讲，并没有一个对应的货币称之为电子货币。

（四）第三方支付

第三方支付是在信用缺乏，银行系统功能缺乏的背景下设置的平台，只要弄清楚其设置背景，就基本明白其意义了。

（1）避免支付风险，保证了付款人的财产安全。

（2）避免卖家发货后能保证收到货款（因为钱已经先支付给第三方了）。

（3）从法律角度来说，这使得买卖双方之间的法律关系发生了一定变化，由直接的买卖关系变为买方和卖方共同指向第三方的关系。

（4）可以有效避免风险，保证消费者利益。

（5）在第三方还没有兴起时，银行是没有这项业务的（银行的设置本身是为了大企业服务的），这也为第三方的支付提供了市场。

五、网店的配送方式

（一）自己的物流进行配送

自建物流只能针对主要几个单位之间大批量配送需求或满足少量的重点客户的配送，但因运输成本高，效率差，与网上散客的配送点多面广、及时性的需求不相匹配，所谓的纯自建物流，在中国几乎没有。京东声称自建，但是部分非一线城市的货物仍是找其他第三方物流公司在运作。

（二）第三方物流配送

实施第三方物流对于买方和卖方都是有利的：缩短供应链成本是很大的优势。

（1）第三方物流包装承担者的丰富知识与经验以及完善的包装加工设备，能大幅度降低整体包装成本。

（2）第三方物流包装承担者优化的包装材料供应链，有可能降低包装材料的采购与管理成本。

（3）第三方物流包装承担者的仓储条件，可以保证包装制品可靠而及时地供应，节约生产企业包装制品的仓储成本。

（4）第三方物流包装承担者提供的专业化设计的完美包装，可以提升产品的品牌与环保形象。

（5）第三方物流包装承担者熟悉国际包装法规，有利于企业的产品出口和攻破发达国家的绿色贸易壁垒。

（6）采取第三方物流包装，可以让企业把有限的财力、物力、人力集中在自身的核心业务上，缩短和优化供应链。

技能要求

操作步骤：

（1）打开软件，进入首页面（九大模块），使用右手手柄⑦（扳机键）的射线点击售书连续作业，进入售书连续作业模块（图7-1）。

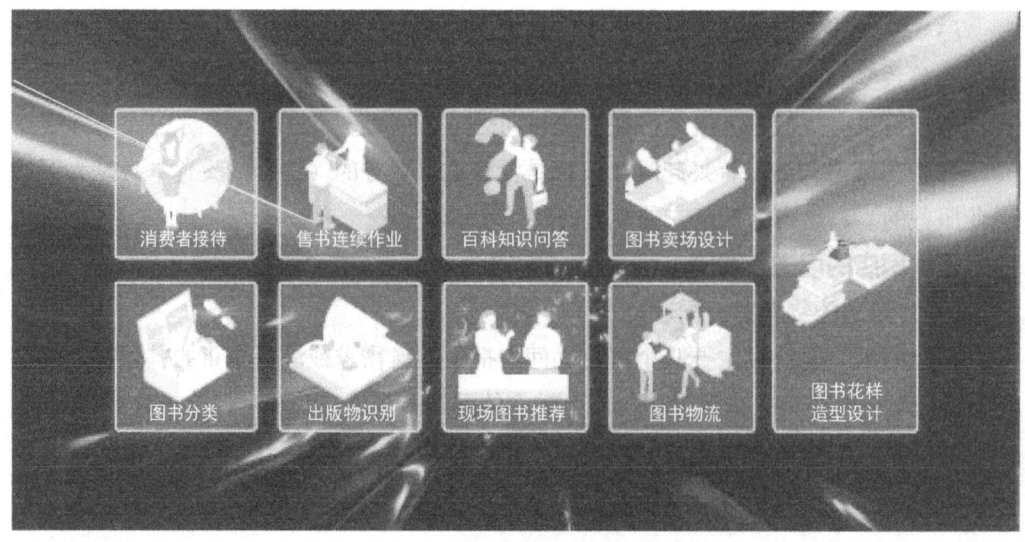

图7-1　售书连续作业模块

（2）进入三维虚拟场景，消费者提着购物篮，来到收银台结账，开始播放三维动画。使用右手手柄⑦（扳机键）的射线点击练习按钮（图7-2）。

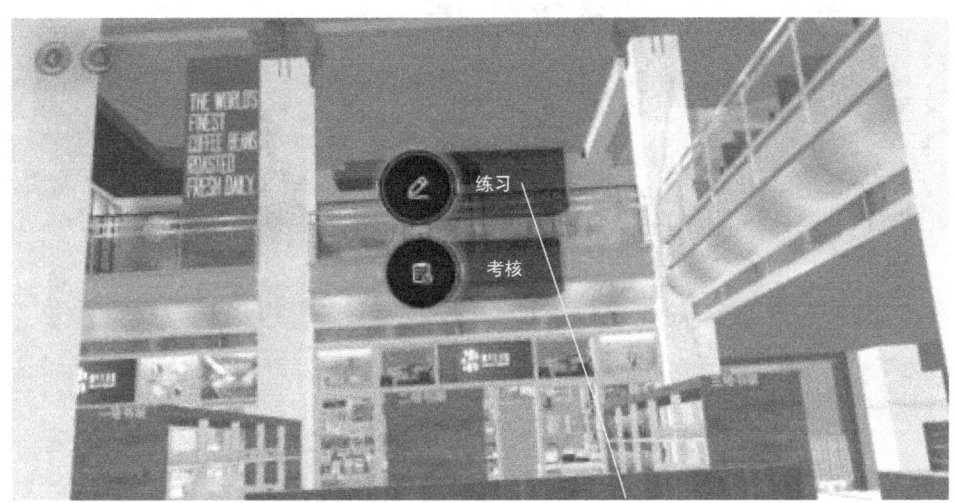

图7-2　进入练习

（3）进入三维虚拟场景，消费者提着购物篮，来到收银台结账，使用右手手柄⑦（扳机键）的射线点击开始，播放三维动画（图7-3）。观看动画学习完毕，使用右手手柄⑦（扳机键）的射线点击返回主界面按钮，返回主界面。

图7-3　观看动画学习

（4）使用右手手柄⑦（扳机键）的射线点击考核按钮（图7-4、图7-5）。

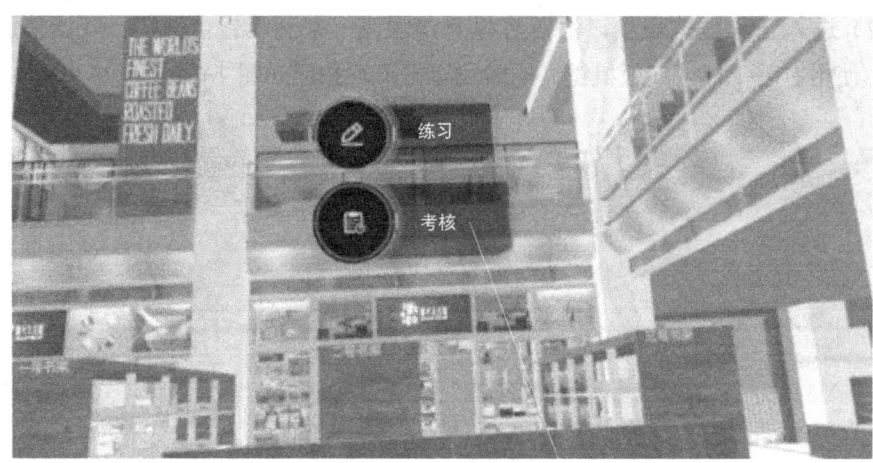

图 7-4 进入考核

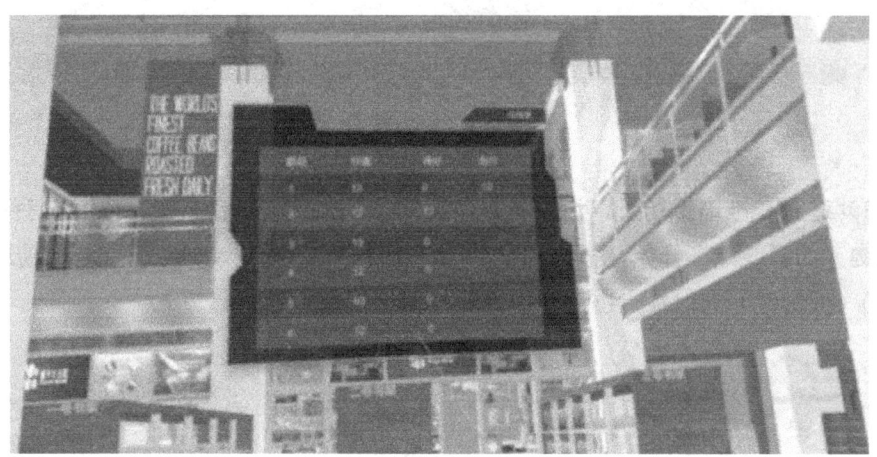

图 7-5 考核界面

（5）使用右手手柄⑦（扳机键）的射线点击选项，点击下一题按钮（图 7-6）。

图 7-6 进入下一题

（6）题目回答完毕，查看成绩单。

（7）查看成绩单完毕，使用右手手柄⑦（扳机键）的射线点击返回主界面按钮，返回主界面（图 7-7）。

图 7-7 返回主界面

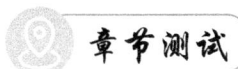

简答题

1. 两位收银员换班吃饭，能否只用一人的账号操作？简述理由。

2. 简述收银员岗位职责。

3. 收银员能否把个人现金带入收银台调换零钱？如果自己需要调换零钱应该如何操作？

4. 当收银员在收银时发现故障，如信号断线了，如何处理？简述处理方式。

5. 收银机发生卡纸现象，收银员应如何操作？是否可以收款包扎，就让顾客出门？简述理由。

6. 图书包扎的要求有哪些？

7. 传统门店售书连续操作的流程有哪些环节？

8. 简述团体购买的其他售后服务。

9. 简述团体购买的操作流程环节。
10. 简述电子支付的几种类型。
11. 简述网店的配送方式。

第八章 图书陈列

好的图书陈列可以给书店带来好的销售业绩。门店营销一直以来就有这样的说法：商品陈列也是一种生产力。顾客在没有进店前，容易被门店的位置、风格、店内的布局、橱窗的陈列等吸引，从而愿意留在店里看看产品，直到最后成交。所以陈列就像是一位"无声的导购员"，非常重要。

第一节 商品陈列基础知识

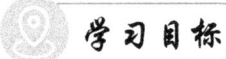

- 了解商品陈列的基本概念、作用
- 知道陈列对销售的影响
- 熟悉商品陈列的原则

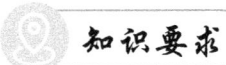

一、陈列的基本概念

商品陈列的定义有很多，美国零售业协会和日本 VM 协会都对其有不同的解释，综合各种描述来看，是指一种把握顾客的需求或者以创造新的需求为目的，为了成功地进行商品推销活动，结合多种艺术方法和技巧，演示和管理商品展示的活动。

合理地陈列商品可以在日常展示商品的基础上，更便于消费者挑选购买，改善空间使用率、提升品牌形象，最终达到刺激消费的目的。某行业曾做过统计，优化过商品陈列技术的实体店，平均销售额比毫无展示技巧的店面高 10 个百分点左右。

二、陈列的作用

经济学家郎咸平曾经对服装行业做过调查，得出的结论是：服装产品每天以 0.7% 的速度在贬值。换句话说，你的产品越早卖出去，就能比对手更有机会获利。

那么如何让你的产品更早卖出去呢？方法肯定有很多。但首先要做的就是改变你的陈列设计。

（一）好的陈列是促成冲动购买的"催化剂"

研究表明：原来不准备购买东西的顾客因为受到店面氛围的感染而购买的比例占到 53%，而且这一数字还有增加的趋势。所以，潜在的顾客是无时不在、无处不在的。所有逛街路过的人，都有可能成为你的目标客户。

有心理学家在研究中还发现：普通人接收的外部信息中，有近 8 成是来源于视觉，1 成来源于听觉，剩下的则与嗅觉、味觉、触觉有关。根据此研究结论，如果想要改变陈列的效果，首先要从视觉效果上下功夫，通过数量、促销等手段多样化地渲染出商品的品质，达到美化视觉，吸引客户注意的目的。

（二）陈列是促进销售的心理机制

（1）好的陈列，可以形成焦点

它可以让顾客"跳出"背景，形成你期望的注意力中心。为了吸引顾客的注意力，展示首先应该追求视觉冲击力和易于识别，然后才是美感。

（2）好的陈列，能够让顾客获得美感和快乐

越来越多的书店会专门辟出一块休闲空间，摆上好看的桌椅和绿植，当顾客进入书店时会先经过这块休闲空间，让人不由自主地被这环境所吸引，想进来坐一坐。

（3）好的陈列，能够调动顾客的好奇心及兴趣

如果商店的视觉形象给了顾客单调乏味的感觉，顾客就不会继续关注它。

（4）好的陈列，可以传达品牌内涵

为什么一看到香奈儿的陈列，就知道它是高档品？为什么一看到优衣库的陈列，就有一股年轻、快时尚的气息扑面而来？这其中就有陈列的功劳。

（5）好的陈列，可以刺激顾客消费

例如，当顾客看到模特穿着服装的形象时，他们往往有模仿和尝试的欲望，从而产生购买欲。

三、陈列的原则

陈列展示可以遵循四个原则：人性化、个性化、艺术性和经济性。

（一）人性化原则

陈列设计是以人的视觉传达为基础的。以人为本的展示设计是实现物质和精神创造的行为，不仅可以给人直接或间接的引导，也会给人带来思维联想的演绎。

陈列是功能性很强的综合性设计，也是完整的艺术品展示。通过手法、灯光、道具、色彩等元素的组合，给空间赋予生命，反映出视觉心理和视觉意境。

（二）个性化原则

个性化指的是在商店的设计和营销中，采用灯光、橱窗、道具、色彩搭配等元素，演绎出一种充满魅力的陈列氛围。

（三）艺术性原则

展示陈列是科学性和艺术性的凝结。通过一些艺术性的表达形式传播出陈列展示的意义和实际内涵，可以根据展示品的灵活性特点，通过空间、位置、摆放方法来对展示品进行更好的展示，充分体现出商品的美感。

（四）经济性原则

经济性原则的展示陈列是根据自己所需再进行功能设计，避免一些不必要、烦琐的功能设计，以最小的消耗达到目的。

四、陈列需要考虑的问题

陈列活动是以传达商品信息为目的，以再创造空间环境为场所，在广泛领域里展开公共交流的活动。陈列所传达的商品信息包含五个要素。

Who——谁要传达信息；

Whom——向谁传达信息；

What——传递什么信息；

Why——传达信息的目的；

Where——陈列的位置（空间、环境等）。

知识链接

陈列师这个职业说得通俗一点，他们就像是一位化妆师，用艺术来装饰美。他们通过对商品内涵的理解和商家所要表达的营销理念，借助自己的专业知识和陈列道具，在一些装饰品和灯光的衬托下，把需要展示的商品以一种全新的姿态展示出来，大大提升商品的美感，拉高档次。

一个好的陈列师通过他的巧手把商品的价值传递给顾客，帮助商家销售商品，潜移默化地影响消费趋势。很多店铺定期会更换一个新的陈列主题，这就要求陈列师对店内的装饰陈列进行翻新。

第二节　图书陈列基础知识

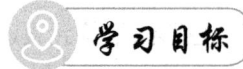

- 掌握图书陈列的基本原则
- 能够进行初步、简单的图书陈列

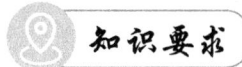

一、图书陈列的基本原则

图书种类多，外观上又有相似性，因此区别性不如其他商品。书店里纷繁杂乱的图书如何陈列、展示就变得非常重要，是书店营销的一项重要工作。

调查研究表明：很多顾客对第一感觉非常看重，那么图书陈列的质量关系到读者对书店的印象。店面展示的基本理念是让整个店面看起来整洁、美丽、多变。如果店面的整体布局和展示看起来整洁美观，满足读者的需求，实际上会大大减少业务人员的工作量。读者可以根据布局和显示找到所需书籍的位置，无须询问。优秀的展示陈列设计不仅可以刺激读者冲动购买，还能提升企业形象。图书陈列的目的就是要让图书在货架上充分显示自己，最大限度地引起顾客的购买欲望，图书的陈列原则与技巧非常关键。合理规范的图书陈列，必须掌握其特有的原则。

（一）显而易见

书店采用自助销售的方式，即通过图书自身向顾客充分展示和推广自己。因此，有必要使书籍的陈列对顾客显而易见。考虑到读者的身体特征，中等身高的顾客，眼睛到胸部之间的高度属于"易看高度"，也叫"黄金高度"。小学和儿童书籍应放在底层书架上。应注意以下几点。

（1）图书正面应面向顾客。

（2）每种书都应该有足够的曝光量，不应该被其他书挡住。

（3）区分正常陈列和重点陈列。在一些季节性和节日活动区以及特殊价格区的书籍展示应突出和醒目，以便客户能够理解书籍的含义。

（4）图书标识要清楚，应该严格按照分类来陈列。

（二）便于取放

（1）书籍的摆放方式应便于顾客取放。不要安排得太紧，以免客户无法将其放入。

（2）书架上陈列的书籍应与上隔板和侧板保持一定距离（距顶部 3cm，距侧面

1～2cm），以便顾客够得着书。

（3）不同区域的图书陈列要考虑到受众的身高。比如儿童书籍和成人书籍的陈列高度应该是不一样的。对于非储存展示书籍，尤其是一些常用书和畅销书，不要将书籍放在客户够不着的地方。

（三）丰富丰满

店内书籍应陈列齐全，让顾客直观感受到书籍丰富、品种齐全。应注意：

（1）普通书脊展示架（0.9m 宽）每格至少放置 15～20 个品种，畅销书展示不少于 10 个品种，以保证其数量感。

（2）书架上陈列的图书应及时补充调整，以免数量不足书籍倒塌。对于促销堆，可以根据不同图书码放不同的造型，但是堆头一定要稳，以免顾客一触即倒，影响购买情绪。

（3）当畅销书暂时缺货时，应使用销售频率高的书籍填补空置书籍的位置，但应注意书籍种类与内容的相关性。

（4）周末和重要节假日应特别注意图书库存量，正常陈列和图书存货应保证充足。

（四）常换常新

（1）书店总体布局不应经常变化，但重点展示区的主题商品、特价商品、热门推荐商品要根据市场情况及时更换，给顾客一种清新的感觉。

（2）在固定品类图书布局区域，可采用多种不同的图书展示方式相互交叉，定期更换，提升店面的新鲜度和变化感。

（五）关联陈列

人们的视线通常是从左上到右上，然后从左下到右下。因此，有关联的商品最好陈列在通道的两侧，或同一通道、同一方向、同一侧的不同货架上，尽量不要放在同一组双面货架的两侧。

为了让顾客一次购买到所需的书籍，陈列时应注意以下几点：相似的书籍和相关的书籍应相互照应，相关商品的陈列应保持一致。各品类之间的联系应该是自然流畅的，这样可以让读者顺便了解相关主题，促进顾客的非计划性购买。

（六）干净整齐

（1）保持货架的清洁干净。这是图书陈列的首要、基础性工作。

（2）展出的书籍应干净整洁。定期整理滞销和残缺的书籍，工作人员要流动察看，把顾客随手放置的书籍及时归位、整理。

二、图书陈列该如何入手

图书陈列，看上去像是"面子功夫"，但其背后也是一门学问。一本书摆在什么位置，怎么选择它的"邻居"，摆成什么"样式"，颇有讲究，因为这可能直接影响到图书的销量。

受线上书店的冲击，实体书店的竞争越来越激烈，很多实体书店把关注点放在读者体验上。图书陈列是读者最先接触书店的渠道，如果一个读者没有目的性地逛书店，那么书店的选品、陈列就非常重要了。

面对琳琅满目的书籍，一名书店的新员工要如何着手去陈列呢？

（1）按类别把所有图书进行大致的分类，然后再对每一个类别按内容进行精细化分类。

①按实用性来分类：一般先展示重要专著，再展示一般实用书籍。

②按价格分类陈列：优先陈列价格较高的图书。

③按销量分类陈列：畅销书通常列在最前面的显著位置。

（2）设置主题展示区：主题展示区是一种非常有效的特色展示方式。常见的有新书展示、畅销书展示、特价书展示等。

（3）书不能像铺地砖一样放在平台上。重点图书应放在特殊位置或多放几堆，这样才能引起读者的注意。摆放样式方面，我们还需要多动脑筋，多改变，不断创新。

（4）书架上的书要从左到右摆放，大开本尽可能放在书架的开头位置，小开本可以摆放在书架的结尾。两头高中间低或者高低错落摆放的形式都不是很美观。大而厚的书适合放在书架的上部，薄的书放在下面。因为薄书的书脊上的字很小，视力不好的顾客看不见，同时分类顺序也要考虑。总之我们应该多动脑，经常整理，这样才整洁、美观、合理、实用。

第三节　常规陈列的种类和方法

- 了解常规陈列的分类和注意点
- 掌握图书常规陈列的方法和技能
- 能够进行图书的陈列和管理

知识要求

在书店中，图书按类别进行集中常规陈列是最基本的陈列方式，也是图书陈列的基础。常规陈列可以分成以下两种表现形式：按陈列货架分、按特殊类别分（图8-1）。

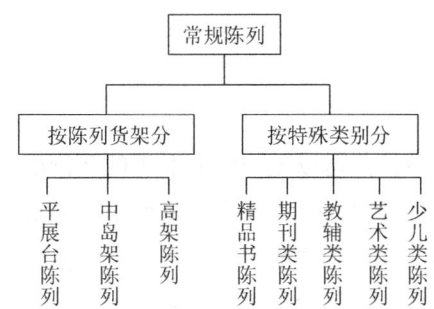

图 8-1 图书常规陈列方法

一、按陈列货架分

(一) 高架陈列 (图 8-2)

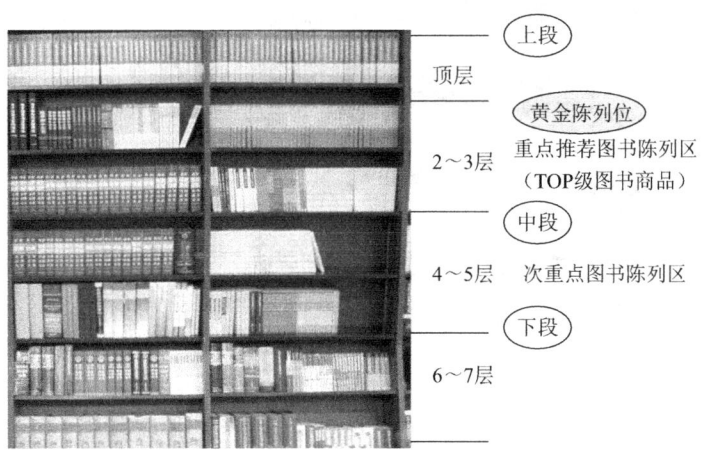

图 8-2 高架陈列

(1) 陈列特点

①陈列量大，丰满度高。

②分类明晰，便于查找。

③不利于重点图书突出陈列。

(2) 适合图书

①各类别正常陈列图书。

②有脊背和一定厚度图书。

③不需要重点推荐的图书。

(3) 陈列位置

沿墙高架、区域隔断高架陈列区。

（4）使用道具

单面高架、双面高架。

（5）陈列原理

①高架的最上面和最下面，可以放一些专业类的和价格高的小众书籍。

②在各种分类方法中，找出一个平衡点。既便于读者查询，又便于重点推荐。

据统计，摆放在高架上不同位置的书籍销售比例也截然不同。

销量最好的位置大约在手高（1.2米）处，占总销售额的40%，其次是眼高（1.6米）和底层（0.5米）处，都是占总销售额的25%，销量相对较差的是在顶端（＞1.7米），占总销售额的10%。

（二）中岛架陈列（图8-3）

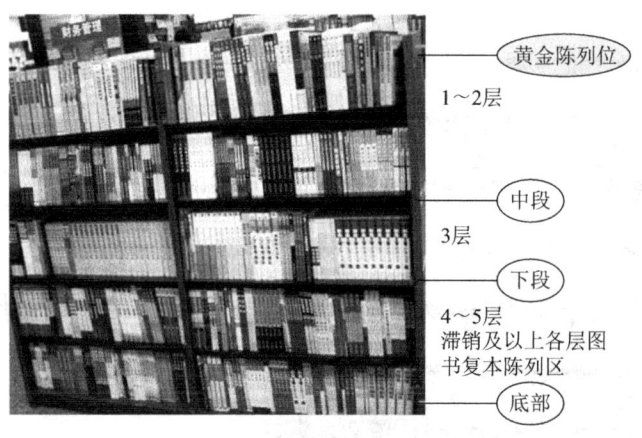

图8-3　中岛架陈列

（1）陈列特点

①陈列量大，丰满度高。

②分类明晰，便于查找。

③不利于重点图书突出陈列。

（2）适合图书

①各类别正常陈列图书。

②有脊背和一定厚度图书。

③不需要重点推荐的图书。

（3）陈列位置

卖场中场区域。

（4）使用道具

中岛架。

（5）高架陈列和中岛架陈列的基本要求

①必须严格按照分类牌陈列图书品种。

②同类型图书必须集中陈列。

③遵循左高右低的原则。

④各种色系的图书尽量错开陈列。

⑤书与书之间要松紧适中，方便顾客两指取出和放入。

⑥严禁开天窗、倒架等常规陈列错误。

⑦超薄本或无书脊图书需封面展示陈列。

⑧图书顶部与层板距离大于 2cm（约一指宽度）。

（三）平展台陈列（图 8-4）

图 8-4　平展台陈列

（1）陈列特点

①陈列量小，但重点突出。

②便于主题推荐和图书促销。

③封面朝向读者，易于读者对图书内容的知晓。

（2）适合图书

①各类别推荐图书。

②畅销图书。

③薄本、无书脊类图书。

④少儿、教育、艺术类图书。

（3）陈列位置

出入口、商场主通道的两侧、收银台等商场人流聚集的区域。

（4）使用道具

单级平展台、多级平展台。

（5）注意要点

①平展台上要有相应的图书分类牌或广告推荐牌。

②陈列的图书最好是新书、畅销书、重点推荐书目或者是有特殊需要的图书。

③平装书的封面必须向上，必要时，配合小型垂直展示进行复合展示。

④图书摆放不得超出平展台台面。

二、按特殊类别分

对于一些特殊类别的书籍，如儿童、美术、教辅、期刊杂志、精品书籍等，由于其独特的书籍属性，为了充分展示给读者，其展示方式应不同于一般书籍的常规展示方式，通常可以采用书脊展示与封面展示相结合的形式。

（一）少儿类陈列（图8-5、图8-6）

图8-5　少儿类陈列一

图8-6　少儿类陈列二

(1)陈列特点

①多以封面展示为主,可引起儿童的兴趣点。

②陈列位置较低,便于儿童取阅。

③对于厚本以书脊与封面陈列相结合。

(2)适合图书

少儿类图书。

(3)陈列位置

少儿高架区、少儿中岛区。

(4)使用道具

少儿高架、少儿中岛架、少儿造型架。

(二)艺术类陈列(图8-7)

图8-7 艺术类陈列

(1)陈列特点

①多以封面展示为主。

②陈列复本量较少。

(2）适合图书

艺术类薄本图书、艺术类主流图书。

(3）陈列位置

艺术类高架区。

(4）使用道具

艺术类高架。

（三）教辅类陈列（图 8-8）

图 8-8　教辅类陈列

(1）陈列特点

①多以封面展示为主。

②陈列复本量较多。

(2）适合图书

①教育类薄本图书。

②教育类畅销图书。

(3）陈列位置

①教育类中心区域。

②教育类主通道两侧。

(4）使用道具

中岛架、平展台。

（四）期刊类陈列（图 8-9）

图 8-9　期刊类陈列

（1）陈列特点
①多以封面展示为主。
②陈列复本量较少。
③多陈列于高人流区域。
（2）适合图书
①期刊杂志。
②艺术画册。
（3）陈列位置
①卖场主通道两侧。
②书城出入口区域。
（4）使用道具
期刊类特制陈列架。

（五）精品书陈列（图 8-10）

图 8-10　精品书陈列

（1）陈列特点

①多以封面展示为主。

②陈列复本量极少。

③辅以灯光、装饰物点缀。

④多以闭架形式展示、销售。

（2）适合图书

①精品图书。

②高档画册。

（3）陈列位置

相对独立的沿墙高架区。

（4）使用道具

精品书陈列架、书托。

第四节　重点陈列的种类和方法

学习目标

- 了解重点陈列的分类和注意点
- 掌握图书重点陈列的方法和技能
- 能够针对不同特性的书籍，灵活采用陈列方法

知识要求

在书店中，配置的中岛架和高架整齐排列，书籍可以有序陈列。这种没有创新和亮点的陈列方式容易让顾客觉得无趣。因此，为了打破这种单调，我们可以尝试在高度、形状和位置上自由地改变展示组合，使书籍展示能够灵活变化，生动丰富，从而激活商店的氛围。

对于非主过道两侧的书籍，经常无人问津，如果改变陈列架单调的形式，可以吸引读者，可变陈列能够激发读者的购买欲。下面介绍几种重点陈列的样式，重点陈列可以分为辅助陈列和综合陈列（图8-11）。

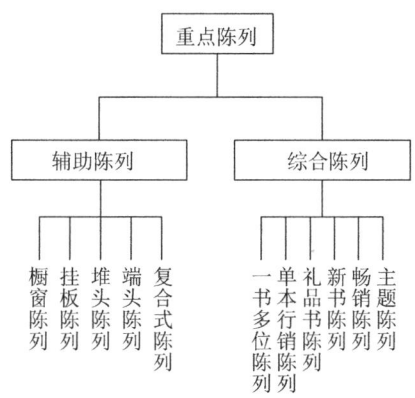

图8-11　重点陈列方式

一、辅助陈列

（一）复合式陈列（图8-12）

图8-12　复合式陈列

复合式陈列是辅助陈列中的一个重要方法。起到了丰富店面、展示效果的作用，打破了单调的常规展示，能够吸引顾客的注意力。

复合式陈列的原则：复合式陈列设置"专题"和"主题"，进一步提升图书自身的销售效果。复合式陈列应贯彻图书陈列的基本原则，力图把顾客的注意力吸引到需要推荐的图书旁。

陈列位置：开放式店面或入口，比如前厅、宽通道头上、多个分类区的过渡区域等。

（二）端头陈列（图8-13）

端头展示的质量是关系到连锁书店形象的一个重要方面。所谓端头，是指双侧中间岛架的两端。在商店中，中岛货架的两端是顾客流量最大、往返频率最高的地方。从这个角度来看，客户可以从三个方面看到在这个位置展示的书籍。因此，端头是优秀书籍展示的黄金场所，也是商店中吸引顾客注意力的地方。

端头陈列一般情况下用来展示大量的单一图书，也可以展示几种图书的组合。因为中岛架的端头是一个非常引人注目的位置，如果几种书组合展示，它可以吸引顾客对更多书籍的注意力。发挥图书陈列的优势，还可以把挂板放在端头，这样就可进行端头挂板陈列了。

图 8-13　端头陈列

同时，端头的架子还可以用来展示热门书籍，或者向客户推荐新书，以及利润高的书籍。那我们在给端头陈列配置图书的时候可以选择一些读者非常关注的热门书籍、高利润书籍或新书。

（三）堆头陈列（图 8-14）

图 8-14　堆头陈列一

图书做成花式的堆头比较能吸引读者的眼球，一般来说，销量大、库存大、利润率高的书籍可以考虑做成码堆。

除了单一品种的堆头和少量品种的堆头，还有专题展示性的堆头。在这种堆码中，我们应该注意书籍之间的相关性,从而增加宣传和销售。这种不同类别书籍交叉展示,目的是让消费者通过这种方式联想和购买,从而获得倍增效应,提高销售业绩。

(1)堆头陈列的式样(图8-15)

常见式样有"Z"形、螺旋形、"S"形、梯形、波浪形等。

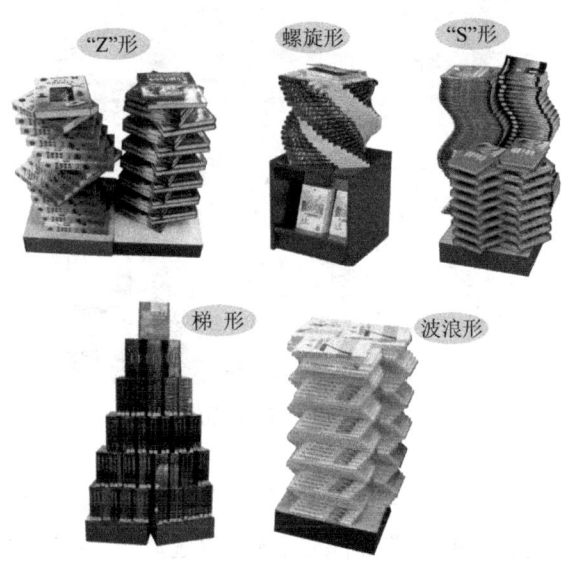

图8-15 堆头陈列二

(2)陈列位置

柱体四周、中岛架端头、主通道两侧、出入口等必经区域。

(四)挂板陈列(图8-16)

图8-16 挂板陈列

（1）陈列特点

以图书封面陈列，易展示图书内容和卖点；易突出生动感。

（2）适合图书

①小、中型开本平装图书；

②往常规货架上很难实施立体陈列的图书；

③同尺寸、多颜色、同形状、相关联的图书；

④需要重点推荐的图书。

（3）陈列位置

高架间隔处、包柱、中岛货架端头、畅销榜陈列区。

（4）使用道具

条板、挂板、书托等。

（五）橱窗陈列（图 8-17）

图 8-17　橱窗陈列

印象比较深的是言几又书店做的橱窗，透过玻璃可以看到店内陈列的三个镂空书架，书架的样式正是言几又的英文字母缩写"YJY"。书架上陈列的都是最近特别推荐的书籍，镂空书架给人一种很通透的感觉，站在橱窗外还能透过书架望到里面的陈列。

书店设计橱窗的作用是展示商品、介绍书籍、传递信息、引导消费。同时，橱窗还可以协调店内的布局，宣传店铺的经营特色。

橱窗的主要表现形式是在书店的临街处设置一扇玻璃窗，对出售的图书进行科学分类，挑选合适的图书，通过巧妙构思精心布置陈列。既能点缀和装饰店面，又能宣传书籍，促进销售，提升店铺形象。

橱窗设计应遵循以下几个原则：

（1）考虑顾客行走的路线。橱窗设计不仅要考虑顾客的静态视角和最佳视线高度，还要考虑顾客从远处走到近处的视觉效果。一般来说，橱窗的照明亮度应该比商店的亮度高出 50%～100%，此外，考虑到我们行人是靠右行走的，设计橱窗的时候不仅要考虑顾客站在橱窗正面的效果，也要考虑到顾客从侧面走来能不能看到橱窗里的景。

（2）橱窗和商店应该是一个整体。橱窗和商店的整体陈列风格应该是一致的，尤其是透明橱窗，还应考虑与最近的透明窗户透出来的颜色是否协调。

（3）要与商店的营销活动相呼应。如果橱窗展示的主题是"新产品发布"，那么商店内的活动应该与橱窗相呼应，店内展示的商品也要以新品为主。

（4）主题简洁清晰，风格突出。橱窗主题必须清晰，应使用最简洁的展示方式传达给顾客要表达的主题，吸引顾客的注意力，让顾客尽可能在橱窗前多停留一会，这样的橱窗才是成功的橱窗。

二、综合陈列

综合陈列是将上述常规陈列与辅助陈列相结合的一种灵活的陈列方法。一般可以分为：主题陈列、畅销陈列、新书陈列、礼品书陈列、单本行销陈列、一书多位陈列等。

（一）主题陈列（图 8-18）

图 8-18　主题式陈列

把顾客关注度高的图书品种集中在一起的陈列方式，就是主题式陈列。可能这些图书不属于同一图书类别。在书店进行主题式陈列是提高销售额的一种手段。一本书往往很难让消费者感觉到它的必要性，如果将关联的几种图书陈列在一起，往往会让消费者意识到这些书的用途和实用价值，从而产生购买欲望，促进了销售。

（1）陈列位置

主题式陈列经常要通过辅助陈列来实现，比如复合式陈列、平展、挂板、堆头陈列等。推荐放在商店的入口和出口、中岛陈列区周围或楼梯口。

（2）注意要点

①主题陈列一般根据商店在一段时间内的活动计划来确定。例如，在学生开学前，学生读物和教辅书籍需求较大，这时活动就以学生读物和教辅书籍为重点。

②主题陈列的主要目的是方便读者购买，是为读者服务的。所以陈列的时候要分清主次，不能重陈列而轻读者。一般来说，应根据整个活动的类别，指定不同的主题摊位。每个主题之间应该有关联性，并注意主次主题。

③主题陈列不是说主题展位越多越好。作为一项统一的营销活动，宣传应该是统一的，包括海报的设计和海报的悬挂等，这样整个书店看起来就不会显得凌乱。

④一般来说，在节假日，主题陈列效果非常明显。好的陈列可以让读者一进门就知道书店在某个阶段做什么活动，能够让原本没有购物打算的顾客产生购买欲。另外，书店的主题陈列也应与动线设计相结合。例如，它可以陈列在主通道上，读者一进门就可以看到，以吸引读者的注意力。

（二）畅销陈列（图 8-19）

图 8-19　畅销陈列

在畅销陈列中，经常会把畅销书排行榜与书籍实物展示相结合。这种方法是根据顾客的自然流动，以畅销书吸引客户的注意力，进而带动畅销书和常备书的销售。与之相反的一种方法是，把热门图书放在顾客自然流动的深处，从而吸引读者走到书店深处。

为了给读者起到导购的作用，自然引导店内的人流，在店门口应设置一份虚构和非虚构的畅销书排行榜。各区域都应有各类别的畅销书，这是店铺布置原则之一，也是刺激顾客购买欲的一种陈列方式。

（三）新书陈列（图 8-20）

图 8-20　新书陈列

除了畅销书之外，新书也是市场关注的焦点。及时向读者推荐有关社会关注的热点人物和热点事件的新书，不仅可以赢得市场，还可以体现我们的专业精神。

同畅销陈列一样，每个类别都应在其区域内设置自己的新书推荐，这样做可以进一步加强对客户的引导。

（四）礼品书陈列（图 8-21、图 8-22）

（1）陈列特点

①以封面陈列展示为主。

②关联性强的图书采用捆绑形式销售。

③以礼品包装的形式营造情景销售氛围。

（2）适合图书

①各类别精品图书。

②文学、经管、少儿等类别畅销书。

图 8-21　礼品书陈列一

图 8-22　礼品书陈列二

（3）陈列位置

主入口前厅、楼梯口等。

（4）使用道具

复合式展台、平展。

（五）单本行销陈列

单本行销陈列是将某一种类的图书整齐地排列（图 8-23）或堆放（图 8-24）的一种方法。单本行销陈列突出了书籍的数量感，从而给客户带来视觉冲击。因此，单本行销图书是指具有巨大市场潜力或希望向顾客大批量销售折扣率高的图书。

图 8-23　排面式单本行销陈列

图 8-24　堆头式单本行销陈列

适用书籍是文学、教辅、经济管理、生活类书籍等。陈列位置一般是主通道两侧、出入口区域、出纳区等。

（六）一书多位陈列

（1）陈列特点

①同一种图书跨类别、跨区域陈列展示。

②品种露出度高，购买概率大。

③陈列的形式多样化。

④重复陈列时与关联的图书组合陈列在一起。

（2）适合图书

①超级畅销书。

②重点主推的潜力畅销书。

（3）陈列位置

卖场各个陈列区。

（4）使用道具

卖场各种陈列架。

第五节　图书陈列的误区

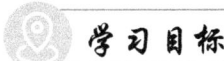

- 了解图书陈列中易犯的错误
- 掌握图书陈列的规律性常识
- 能够进行图书陈列，做好导购工作

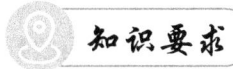

一、图书陈列的典型错误

（1）书籍上架有时效性，否则会失去市场机会和读者。

（2）刚上架的新书没有分类摆放，随意地摆放会给读者带来不便。销售人员不经常整理书架，整理书籍未按类别排列。

（3）书架、书台、书柜不及时清扫。

（4）没有对书籍进行及时的补充和整理，导致陈列的书籍东倒西歪。

（5）读者翻看过的书不及时整理、归类、归位。

（6）没有对店面广告、宣传画等宣传品统一规划，乱贴、乱挂，容易给读者凌乱的感觉。

（7）没有及时更换和修补破损的设备，如书架、分类牌、分类标志等。

（8）一些时令性的广告宣传过时不换。

（9）书店的广告、海报出现错别字、异体字。

（10）店铺布局调整时没有及时更换分类牌，导致读者找不到图书。

二、图书陈列的规律性常识

（1）标志明显，如果标明商品的价格、品牌，促销的效果增加 25%，如果只标明品牌，效果仅增加 18%。

（2）在大型卖场当中 65% 的读者会参阅陈列的标志、标价，有助于读者选购商品，加快购买速度。

（3）在书架中图书陈列高度非常重要。理想的位置是 0.8～1.3 米的部分，称为黄金段。书架上，距地面 1.8 米的位置销售额只是黄金段销售额的十分之一。

（4）堆头陈列比其他形式更有效。堆头式陈列可以激发读者的好奇心，引导他们主动翻阅书籍。堆头式陈列的书籍其销量是常规陈列书籍的两倍。

（5）商店广告非常重要。国外调查数据显示，70% 的读者会关注店铺广告，22% 的读者认为店铺广告对零售企业非常重要，但不是决定性因素，只有 8% 的读者认为店铺广告可有可无。

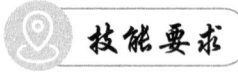

操作步骤：

（1）打开软件，进入首页面（九大模块），使用右手手柄⑦（扳机键）的射线点击图书花样造型设计的图标按钮，进入图书花样造型设计模块（图 8-25）。

（2）进入三维虚拟场景，使用右手手柄⑦（扳机键）的射线点击【立体式码放】视频，播放【立体式码放】教学视频（图 8-26）。

（3）使用右手手柄⑦（扳机键）的射线点击【螺旋式码放】视频，播放【螺旋式码放】教学视频（图 8-27）。

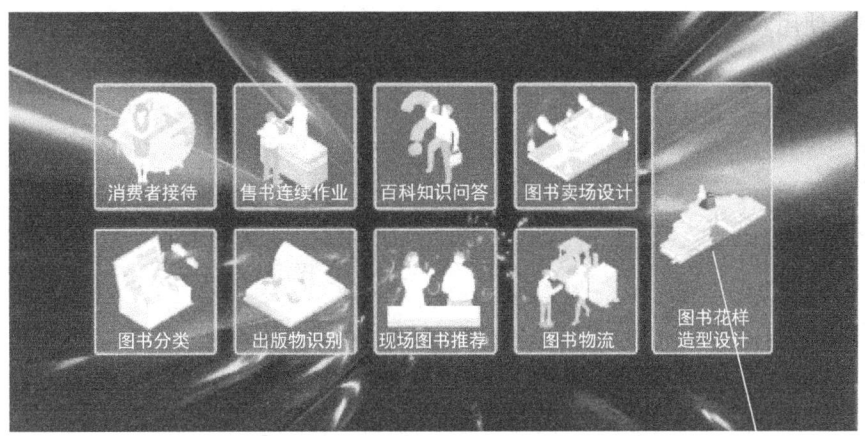

图 8-25　图书花样造型设计模块

图 8-26　【立体式码放】教学视频

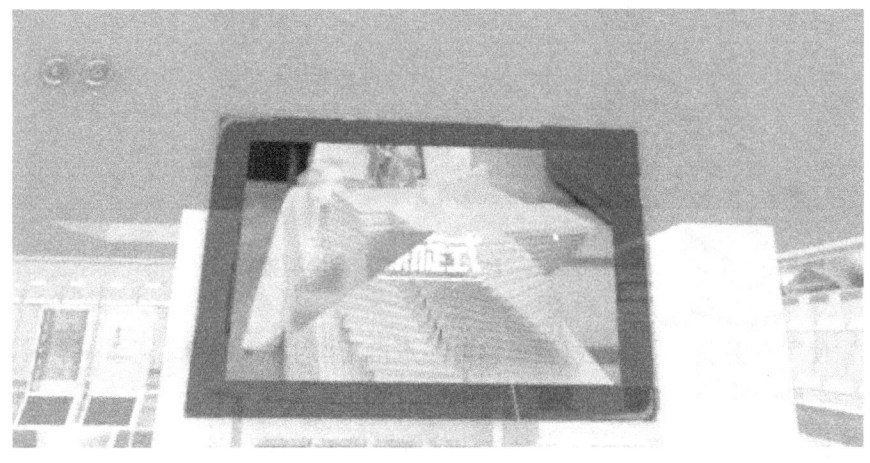

图 8-27　【螺旋式码放】教学视频

（4）使用右手手柄⑦（扳机键）的射线点击【错位式码放】视频，播放【错位式码放】教学视频（图 8-28）。

图 8-28 【错位式码放】教学视频

（5）使用右手手柄⑦（扳机键）的射线点击【综合式码放】视频，播放【综合式码放】教学视频（图 8-29）。

图 8-29 【综合式码放】教学视频

（6）使用右手手柄⑦（扳机键）的射线点击【自主式码放】（图 8-30），根据提示使用左手柄的②（触控板）进行场景移动到图书摆放点，用右手手柄触碰到书籍，按下右手手柄⑧（侧键）拿起书，在合适的位置摆放，重复拿书籍进行摆放，摆放出美观的造型。

图 8-30 【自主式码放】

（7）图书造型完成后（图 8-31），使用右手手柄⑦（扳机键）的射线点击截图按钮截图提交（图 8-32）。

图 8-31 图书造型完成

图 8-32 截图提交

（8）图书造型设计完毕，手柄点击返回主界面按钮，返回主界面（图 8-33）。

图 8-33　返回主界面

章节测试

一、填空题

1．陈列展示应遵循四个原则：_____、_____、_____、_____。

2．图书陈列的基本原则：显而易见、便于取放、丰富丰满、_____、_____、_____。

二、多项选择题

3．下列选项中，属于陈列设备材质的一般有（　　）。

　　A．木质　　　　B．铜质　　　　C．玻璃　　　　D．铝合金

　　E．纸质

4．除了方便消费者外，陈列设备放置的工作要求还包括（　　）。

　　A．和谐、典雅　　　　　　　　B．体现特色

　　C．压缩空间　　　　　　　　　D．通风、透光、安全

　　E．便于管理

5．以下关于专题橱窗陈列方法的表述中，正确的有（　　）。

　　A．分群组合，曲线流畅

　　B．要进行分类，避免杂乱无章

　　C．捆扎、码放要艺术，避免倒伏

　　D．厚薄不分，精平分开

E. 注意时间、及时更换

6. 在以下选项中，符合专架、专台、专柜陈列摆放工作要求的有（　　）。

　　A. 类目清楚　　　B. 形式新颖　　　C. 标志明显　　　D. 压缩空间

　　E. 主题鲜明

三、简答题

7. 什么是商品陈列？

8. 简述图书陈列的基本原则。

9. 平展台陈列的特点有哪些？哪些图书适合用平展台陈列？

10. 结合实际，简述卖场橱窗设计的要求。

11. 简述卖场橱窗设计应遵循的原则。

12. 简述高架陈列和中岛架陈列的基本要求。

第九章
店堂展陈设计

店铺在陈列前要先进行构思，了解店堂的构成。第一节内容从导入部分、营业部分、服务部分来介绍店堂的构成，接着阐述了店堂规划要遵循的基本条件。在书店的设计和营销中，灯光、音乐、气味等元素都是不可或缺的，这些元素像魔术师的手，演绎和构建出充满魅力的店堂氛围。第二节主要从灯光、色彩、气味、音乐几个方面介绍书店该如何营造氛围。第三节强调书吧在书店中的重要作用。第四节带领大家欣赏几家优秀书店案例，进一步学习他们的经营理念和展陈设计。

第一节 店堂的构成和规划

学习目标

- 了解店堂的构成
- 熟悉店堂规划的基本条件

知识要求

店堂的构成有很多不同的分类方式，但是为了凸显简洁和实用，我们通常会依据营销管理的流程来划分。比如可以分为导入部分、营业部分、服务部分。

一、导入部分

导入部分一般设置在店堂的最前端，是店堂中最早接触顾客的部分。它的主要功能是能够第一时间传达给顾客有效的信息，比如店内产品的特色、店里最近的促销活动等，目的是吸引顾客走进店堂多看看。

导入部分由以下几个元素组成:店头、橱窗、POP看板、流水台、出入口等。

(一)店头(图9-1)

通常由品牌Logo或是图案组成,让消费者能够远远就看到它。

(二)橱窗

服装店铺经常会在橱窗中展示最新的产品,再加上一些道具布置。顾客路过看到漂亮的橱窗设计,就会被吸引,进入店面。所以店铺的导入部分很关键,能够直接影响顾客的进店率和购买率。

(三)POP看板(图9-2)

通常放在店堂的入口处,采用图文结合的POP形式告诉顾客最近的促销信息。

图9-1　店头标志示例　　　　　图9-2　POP看板示例

(四)流水台(图9-3)

流水台也叫陈列桌或陈列台,一般放在入口处或店堂的显眼位置。有单个的,但也有两个或三个不同高度的展示平台的组合。主要用于放置推荐的或能表达品牌风格的款式,并使用一些造型组合来诠释品牌风格、设计理念和店铺销售信息。

(五)出入口

由于店铺面积的限制,店铺进出口通常与出口和入口相结合。根据不同的品牌定位,出入口的大小和摆设也不同。

二、营业部分

导入部分是整个商店营销活动的预兆。而营业部分不单单是直接进行产品销售活动的场所,还是店铺的核心业务组成。它在商店中所占比例最大,涉及的内容最多。

所以营业部分设计规划是否合理直接关系到店铺的销售额。

图 9-3　流水台示例

营业部分的规划离不开各种陈列道具。按形状分，主要有高架、矮架、边架、中岛架等。

三、服务部分

服务部分能够更好地助力店铺的销售活动，让客户享受到更多的品牌增值服务。在市场竞争日益激烈的今天，为客户提供更好的服务已成为众多品牌的追求。主要包括收银台、休闲区、仓库等部分。

（一）收银台

收银台是顾客结账的地方，也是顾客整个购物的终点。但是从品牌的服务角度来看，又是培养顾客忠诚度的起点。它是一个店铺的指挥中心，消费者有问题会经常去收银台询问，所以收银台的服务就显得很重要。

（二）休闲区

休闲区是顾客在购物之余不可缺少的放松空间，可以调节消费者的购物节奏、调整心情。在休闲区放置休息座椅、沙发、小桌台，顾客逛累了可以坐下歇一歇，点杯咖啡。

（三）仓库

在店铺中设置仓库，可以帮助工作人员在最短的时间完成补货工作。仓库的设置可以根据店铺的补货状态和面积是否充裕来定。

（四）店堂规划的基本条件

在给店堂设计规划的时候，要满足四个基本条件：清洁、活力、便利性、舒适性，这是获得顾客好评的前提。

1. 清洁

如果你只是整理、整顿和清理，还无法让顾客感受到商店的清洁。必须确认展示的商品是否能让客户感到明亮，照明和色彩控制是否正确使用，这些都是影响顾客感官的因素。因此，平时要注意每一个细微环节。

2. 活力

如果商店有活力，它可以产生一种不同的氛围。一个充满活力的商店不仅意味着店员应该精神饱满迎接顾客，而且商店的环境应该让顾客感到有活力。

如果整个店铺存在陈列混乱、展品保存差、空间配置上有很多死角、商品陈列色彩搭配欠妥等问题，那么就会给顾客留下不好的印象，如有以上问题要及时调整。

3. 便利性

店铺的便利性和营业时间有关，不太能实现让每一位顾客都觉得便利，我们要做的是让我们的目标群体感受到便利。

有种看法认为，要让顾客感受到便利性，店铺陈列的品种不能太多。其实决定便利性的因素不是商品的种类，而是选择的商品是否是目标群体所需要的，以及是否清楚地向顾客展示门店理念。

4. 舒适性

所谓舒适，是指商家向顾客提供的服务。也就是说，商家通过店堂的设计规划，让顾客感受到舒适感。比如为客户提供优惠信息和流行信息，店堂通过明亮的灯光、动听的音乐、好闻的味道给顾客营造一个舒适的环境，让顾客能够在店内自在购物。

第二节　书店该如何营造陈列氛围

学习目标

- 熟悉书店展陈设计中视觉、听觉、嗅觉诸多元素的类别及应用
- 掌握书店展陈设计中各元素的选配方式及应用技巧

知识要求

在书店的店堂设计中,灯光、POP、气味、音乐等元素都是不可或缺的,能够让顾客置于这种舒适的氛围中不愿离去。

一、灯光照明

人天生就有追求光明的本性,光亮的店铺更吸引顾客进入。不同的光会对人的视觉和心理产生不同的刺激,影响顾客的消费情绪。好的灯光布置可以让一件普通的物体变得更美丽。柜台里的珠宝经过灯光的照射,更加熠熠生辉。柜台里的糕点灯光一照也更诱人了。

(一)光源的种类

所有能够在一定波长范围内发射电磁波的物体统称为"光源"。商品展示可以使用两种光源:自然光源和人造光源。人造光源可以弥补自然光的不足,与自然光源平衡协调。

1. 自然光源

自然光源指的是在一天中的不同时间可以看到不同质量的光。清晨的阳光微弱而寒冷,这使得物体的颜色变得灰暗、微弱且有阴影。因此,早晨的阳光最能突出冷色系列的品质。中午的光线非常强烈和丰富。它使色彩显得纯净而强烈,使物体的形状更加生动和可见。夕阳温暖而浪漫。它能衬托出暖色调系列的对象。

2. 人造光源

人造光源可以弥补自然光的不足,通过各种电灯的组合,几乎所有对象在它的照射下都可以变得不一样。难点在于怎样使特定的物品展现出它的最佳品种。根据安装形式,电灯可分为镶嵌灯、射灯、槽灯等。

①镶嵌灯:安装在店铺天花板上,简洁大方。有固定式的,也有可以调节照射角度的,主要用作基础照明。

②射灯:有固定式的和轨道式的两种。固定聚光灯通常配有灯罩,其特点是光束集中、方向性强、投影角度可调、灵活性固定。它们主要用于局部的重点照明。轨道式的需要在天花板上组装金属导轨,然后安装几个可以直线移动的聚光灯。这样不仅可以调节照射角度,而且可以在轨道上移动。它具有更大的灵活性,通常用作重点照明。

③槽灯:一般安装在天花板的凹槽内,光源相对隐蔽,通过反射起照明作用。光线均匀,无明显阴影,不易产生眩光,兼顾装饰和基本照明功能。

(二)书店照明的作用

店内合理的灯光布置和适当的灯光调节可以提高顾客对商品的关注率,引导顾客留在店内,对刺激顾客需求起着很关键的作用。

1. 吸引顾客走进书店

书店外观的照明,特别是店堂的照明,特别能吸引顾客的注意力,书店在明确市场定位后,应特别注意选择合适的照明方式、光源和照明器具与之配合,展示不同类别的书籍,这样可以提高顾客的识别率。

2. 引导顾客在书店内走起来

在吸引顾客进入书店后,要怎样留住顾客呢?光源起着很重要的作用,根据店堂的布局和书籍的分类,有计划地分配照度,设计出适合不同类别书籍的照明方式,以及在各个磁石点设计不同的照明,以便于更好地展示书籍。

3. 提高商品的关注率

书籍除了可以通过陈列位置、陈列方式来展示,光源和照明模式的选择也非常重要。在设计光源的时候,要充分考虑白天、黑夜、自然光和人造光的差异,店内和店外的区别,合理地选择照明的形式和方法。

4. 形成书店整体氛围

店内照明的一个基本要求就是是否适合该区域。要充分考虑顾客的需求和商品的定位,顾客在翻书的时候没有足够的照明是很不舒服的,但是如果不分区域,过度照明,也会破坏整体氛围。

（三）书店照明的分类（表9-1）

表9-1　书店照明的分类

类型	范围	照度	照明目的	光效	方法	照射方式
基础照明	全面	中	保证卖场中的基本照度,满足顾客的基本购物需求	均匀平和	1. 采用嵌入式、吸顶式灯具; 2. 灯具分布均匀	直接照明 间接照明 漫射照明
重点照明	局部	高	突出重点商品,吸引顾客,刺激顾客购买欲望	指向性,立体感强	1. 采用固定射灯或轨道射灯; 2. 亮度为基础照明的3～5倍	直接照明
装饰照明	局部	低	营造氛围,丰富卖场的灯光效果	柔和奇妙丰富	1. 采用装饰性灯具; 2. 采用有色光源	漫射照明 间接照明

二、气味和音乐

想要营造氛围,除了视觉感受,还有听觉和嗅觉的刺激。好听的音乐、舒服的味道对商品的促销是很有帮助的。那么,怎样利用气味和音乐来吸引顾客呢?

（一）店内音乐的选择与营销

1. 音乐的功能

音乐会直接影响到人的情绪。活泼的音乐会让人兴奋，柔和的音乐会让人平静，悲伤的音乐会让人悲伤。

书店中播放的音乐我们称之为背景音乐。假设顾客听到很好听的背景音乐，就会寻着声音走去，不知不觉就把顾客引到了某个活动场地。根据美国的一项调查和研究，超过一半的顾客喜欢在播放音乐的店内购物，播放柔和的慢节奏音乐将增加40%的销售额，而快节奏的音乐将缩短顾客在店内的停留时间，降低销售额。

书店内的背景音乐的音量不要太大，毕竟顾客不是为了来听音乐的。背景音乐的主要功能是为顾客提供一个轻松舒服的环境，调节顾客情绪，消除疲劳。

2. 用音乐营造气氛

长期以来，音乐一直被作为一种有效的营销手段应用于店内营销。店内的背景音乐会导致顾客购买行为发生一些变化。正确使用背景音乐可以发挥其应有的作用。背景音乐的选择要与环境相结合。一般来说，可以选择优雅、轻松的室内轻音乐。音乐的音量不能影响客户以正常音量说话，也不能被噪声淹没，这样才能给顾客营造一种很轻松的购物氛围。

（二）店内气味的选择与营销（图9-4）

气味的作用

气味直接影响顾客的情绪，并通过情绪控制他们的行为。面包房会散发出烤面包的味道，花房会散发出诱人的花香，化妆品区会散发出浓郁的香味，水果店会散发出水果的香气。在店内营销中，如果我们能充分利用这些诱人的香味，就能有效地刺激顾客的购买行为。

香味刺激顾客的表现有以下几种。

①唤起人们的记忆。香味和气味总是伴随着人们的记忆。当顾客走进咖啡吧时，咖啡的味道可能会让他们想起上次和朋友一起来书店的场景，各种气味都有不同的记忆标记。

②改变顾客行为。当店里的气味和音乐触动顾客时，比如勾起了往事，那此时，很容易诱发顾客的冲动购买，顾客想在店内多停留一会儿，最终产生购买行为。但并不是所有的气味和音乐都能对顾客起作用，当香气刺激与所售商品一致时，冲动消费才比较容易发生。

③形成印象。一进入书店就会闻到浓浓的油墨味，这种味道会让顾客形成文化氛围很浓的印象。书店里的环境不同于其他公共场合，这里是安静的，有着求知的欲望。

④用气味营造氛围。比如一进入诚品书店，你就可以闻到浓浓的咖啡香气，加上书店本来给人的印象就是书香，两种香味在空气中完美结合，散发出迷人的气味。书

店的环境明亮开放,色彩也搭配得宜,营造出充满人文气息和艺术气质的氛围。

据了解,茉莉花、葡萄柚、柠檬、薄荷、桉属植物有消除疲劳、恢复精神的作用,可以使人思维清晰敏捷,增加注意力,增强体力,让人感觉干净、舒适、协调、快乐、兴奋。因此,这类植物的味道很适合放在店内,有利于顾客的选择和购买。

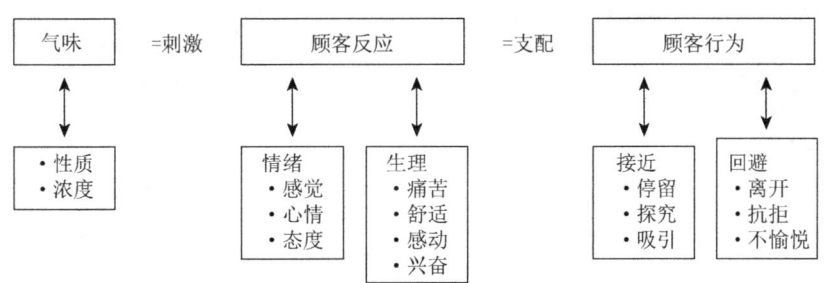

图 9-4　气味对顾客情绪的影响

三、陈列色彩

凡·高说过:"没有不好的颜色,只有不好的搭配。"颜色对人们的视觉情感和心理感受有一定的影响。色彩是衡量陈列设计的重要标准之一,人们对色彩的辨识度最高。虽然颜色本身很吸引人,但只有适当搭配的颜色才能给人舒适的视觉享受。不考虑颜色搭配胡乱陈列只会让人感觉很混乱,起到反作用。

(一)色彩的分类展示

色彩可以代表特征和个性。在商店中应用颜色时,亲和力是首要考虑的因素。书籍与其他商品不同的是:需要读者仔细阅读后才能产生购买欲望。因此,书店在色彩的搭配上需要有亲和力,这样有利于吸引读者走向书架。色彩可以"左右"人们的心理,从而影响我们的情绪。

现在书的种类太多了,顾客不知道该怎么选择。彩色的POP广告可以解决一定程度的问题,它就像一个"沉默的推销员",简洁明了地传达书籍信息、促销信息等,有效地吸引了顾客的注意力。

除此之外,书籍按色彩进行系统的分类也可以使顾客一目了然,起到很好的引导作用。根据书籍的类型特点,将主要类型的书籍分为不同的颜色类型,然后将这些颜色应用到一些陈列道具上,比如书架侧板、书架顶部的分类指示板、空中悬挂的旗帜、圆柱形灯箱等物品。形成丰富而鲜明的区域色系,这样,客户可以在远处区分各种书目类别,缩短客户的选书时间,提高店内销量。

(二)色彩的季节展示

商店色彩的季节性表达是色彩印象中不可或缺的主题。店内的季节性表现要把季节感(根据潮流而展示的陈列效果)与季节性(商品所具有的季节价值)巧妙地结合起来，互相促进，让顾客通过商品及其展示享受美好生活带来的喜悦。因此，季节性的展示不应局限于此时此地。应根据季节、气候、主要节日和社会活动进行规划。观察书店在过年期间的展示，会更突出节日的喜庆感。新年文创用品的展示台更喜欢加入红色、金色等喜庆的颜色，凸显年味（图9-5）。

图9-5　节日展台布置

第三节　书吧

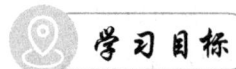

- 了解在书店转型中书吧承载的功能
- 学习如何经营书吧

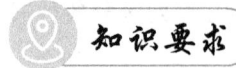

一、书吧的出现

古有"书中自有黄金屋，书中自有颜如玉"。看书无疑是古往今来知识和修养的升华。现代人有着现代的生活方式，阅读已经成为一种享受。现代城市生活充满了浮躁和喧嚣，城市人渴望有一个可以让自己平静下来学习的地方。书吧的出现承载了这种功能，吸收书中的精华的同时，又能享受环境的优雅和内心的宁静。在书吧里，一杯咖啡，几本好书，简单而时尚的家具，配上背景音乐，让你贴近书本，放逐心情。书吧已成为当今的时尚。

在20世纪80年代的时候，有美国的学生提出当前容易亏损的两个行业：一是实体书店；二是餐饮业。如果能找到两者的平衡点，结合起来，可能会出现1+1＞2的经营效果。

随着电子书的普及，电商平台的成长，越来越多的人选择在网上购书。传统的书店想靠卖书来赚钱是不可能了，因此不少书店选择了转型：书店中加入了文创用品的柜台，咖啡也慢慢进入书店，其中典型的有西西弗、钟书阁等，他们开始在购物中心开店，让人们在逛街逛累的时候可以去书店坐一坐，喝上一杯咖啡。

进入咖啡区可以让人放松，释放紧张。此时，如果你能读书，无疑会提高释放压力的效率。书店式咖啡馆可以同时满足这两种消费环境的需求，既可以缓解工作压力和紧张情绪，又可以用书籍丰富休闲时间。书店式咖啡馆的消费市场定位不再是单纯的书店模式和咖啡馆模式，二者结合的优势逐渐突出。

此外，书店内还可以增加服装、装饰品、纪念品等日常杂物进行销售，可以让顾客在书店停留的时间更长，选择更多，并有更大的消费概率。

二、书吧的经营服务

书吧的特色可以从服务中体现。例如，它在提供饮料、水果和零食等收费服务的同时，还可以为读者提供图书销售和订阅等服务。读者在简单翻看这些书籍后，可能会想把它们拿回去仔细阅读。这样一来，读者买到了满意的书籍，书吧也培养了潜在客户。此外，书吧最好能及时收集各种畅销书。如果可能的话，他们可以整理出一份畅销书清单，为读者提供及时有效的信息。

为了培养稳定的客户群，大多数书吧都有会员服务，可以推出读者会员卡。持有会员卡可以享受折扣，在保证书籍完整、清洁的同时可以免费借阅书籍，又或在年底享受相应的免费阅读优惠等。如果在书吧采取优惠措施，对客人来说非常划算，这就非常有利于吸引客户。

书吧的服务人员应具备一定的知识水平。书籍的销售不同于食品和日用品的销售。没有一定的文化知识会难以胜任。据调查：各大高校附近有很多书吧，但真正运作良好的却寥寥无几。原因有很多：一方面，很多书店没有品牌意识和特色经营意识。所有类别都有书，但所有类别都不完整，没有精心挑选书籍，给人杂乱无章的感觉。另一方面，缺乏文化气息。买书的人看重的不只是书籍本身，还有书店的氛围和服务。现在的实体书店，如果不能提供特殊的服务，如名人座谈、文化交流等活动，加上价格也没有网上书店有优势，那么书店运营下去就越来越难了。

一些场地比较大的书店，不仅可以接待个人客户，以零售的形式经营，还可以承接公司、企业的一些团建活动，如承办商务宴请、自助餐、茶话会、亲子读书会等，多元化的营销活动也可以提升品牌，实现销售推广双赢，获得更多潜在客户。

第四节　店堂展示案例

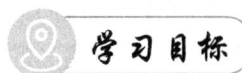

- 了解优秀书店的设计理念
- 学习优秀书店的店堂设计和布置

案例1：南京先锋书店

南京先锋书店成立于1996年，是中国著名的民营学术书店，曾被南京市民评为南京"十二张文化名片"之一。

先锋书店在书店的设计和装饰上有许多独特之处。首先，店徽的设计是独一无二的。先锋书店的标志（图9-6）由著名设计师欧宁先生设计。是一个倾斜的、繁体的"书"字，像一个人在前行。同时，欧宁先生还设计了以"大地的异乡者"为题的书签，可以随书送给读者。书店的包装袋和纸杯上印有店徽，让读者在不断接触中对先锋书店有认同感。

图9-6　先锋书店标志

其次，先锋书店的位置有其独特性。先锋书店的店面并不在市中心，而是在文化环境浓郁的高校聚集地或安静的地下通道，这与传统的商业书店模式大不相同。正是由于这种差异，读者可以在其中找到不一样的阅读心情。

走进先锋书店，就会闻到一股纯粹的书香味，可以像在家里一样自在地翻阅每一本书。翻新后的先锋书店又增加了艺术咖啡馆和独立先锋创意馆。先锋书店的每个分店都配备了沙发、座椅和饮水机，旨在为读者创造一个图书馆式的阅读环境。读者可以坐在舒适的沙发上阅读，想待多久都没关系。读者可以自由阅读和观看电影，而无须在书店购买书籍。很多读者经常带着自己的面包、干粮和水杯坐在先锋书店里，整天自由阅读，所以先锋书店是一家图书馆书店。例如，广州路南店被誉为"南京大学第二图书馆"。正是这种图书馆式书店的文化氛围和文化理念，使先锋书店成为"读者的精神家园"。另外，先锋还有很多特色区域，如独立知识柜台、阅读大道、二手书店、先锋小剧场等。

案例2：苏州诚品书店（图9-7）

图9-7　诚品书店

诚品书店是中国台湾本土自创品牌，在中国大陆开的第一家分店位于苏州工业园区金鸡湖东畔。在总体规划上，苏州诚品以复合式文化商业综合体为运营模式。在近5万平方米的空间内，不仅有完善的购物中心、诚品书店、美食餐厅和咖啡馆，还有画廊、剧场、艺术和文化空间。诚品的发展战略打破了传统书店的经营模式，先由品牌奠定成功基础，然后带动商场、书店和零售业的"复合经营"，使书店不仅销售图书，还包括书店、画廊、花店、餐饮等复合型组织。

诚品书店试图创造阅读空间和氛围。它的书柜面板保持15度的倾斜，为读者着想。书架上的书在你伸手可及的范围内，你可以随意站立或坐下。读者的反馈是诚品书店让书店不再只是一个买书的地方，而是一个可以悠闲流连的书香世界。

书籍的组合也是诚品的商业特色。"诚品畅销榜"定期向读者推荐一些好书，这些书可能比较冷门，书架上无人问津的冷门书籍也不会下架。这就是诚品书店与传统书店的不同之处，受到了书迷们的赞誉。事实上，在诚品的精心策划下，一些不受欢迎的书籍往往很受欢迎，销售情况也很好。

另外，诚品书店还率先打破传统图书分类，从前期就开始创新分类图书区的规划和平展台陈列方式，如独特的性别研究、自然生态环境保护等，"因地制宜"的经营模式是诚品书店的又一创新。诚品各分店都是根据当地文化色彩和生活方式，设计不同的展示风格和书籍内容，实现地域组合的特色。

案例3：北京蒲蒲兰绘本馆（图9-8）

图9-8 蒲蒲兰绘本馆

北京蒲蒲兰绘本馆被媒体评为"世界最美的20家书店"之一，这是日本儿童专业出版社白杨社在中国开设的第一家儿童书店，除了简体中文外，商店经营的绘本还包括英文、法文、日文、繁体中文和其他语言的书籍。与传统书店不同，蒲蒲兰绘本馆装饰精美，宛如梦幻般的时空隧道和宇宙飞船。置身其中就像在梦中徘徊。除了出售儿童绘本外，蒲蒲兰绘本馆还开展了各种与早期阅读相关的绘本推广活动和文化沙龙，如故事展、木偶剧、皮影戏、儿童剧等，并定期向读者提供早期阅读的前沿信息。

蒲蒲兰的一楼是个小小的展示区，儿童绘画在此展出。彩虹地毯沿着台阶从一楼延伸到二楼，吸引着孩子们进入绘本博物馆，就像童话中的彩虹之路。店堂内的白色橱柜里陈列着国内外优秀的图书。曲线型的书架上下起伏，彩色地毯铺在上面，孩子们可以靠着或坐着。两个低矮的圆形展示架被曲线书架隔开，书架上精心摆放着各种精美的图画书。

案例4：茑屋书店（图9-9）

茑屋书店最早是一家位于日本大阪的年轻人生活馆，提供有书籍、电影和音乐。继杭州天目里店之后，日本茑屋书店又在上海开了第二家，书店选址在有近百年历史的上生·新所。书店的原身是哥伦比亚乡村俱乐部，这座西班牙建筑风格的历史保护建筑建成于1924年。

图9-9　茑屋书店

书店在老建筑的基础之上做全新的设计。以"美育"为整体概念，目的是打造一处能培养感性的"美学乐园"和"精神栖居地"。

上海上生·新所茑屋书店共两层楼。一楼的主题是"磨炼知性"，主要包括人文社会科学、文学和生活方式书籍、杂志、文具和杂货。一楼空间完整，保留了原有建筑的壁炉、螺旋柯林斯柱、地板、窗户、楼梯、天花板造型等特色装饰（图9-10）。为了配合原建筑的圆拱窗洞，书架的设计采用了拱形元素，走廊天花板遵循"修旧如旧"的原则，刻意模仿古色古香的斑驳纹理。在"人文自然"和"假日"图书区，几根标志性的柯林斯圆柱被玻璃包围，玻璃上贴着介绍性的图形和文字，如民国时期的上海建筑史和地图，营造出"历史博物馆"的氛围。

图 9-10　上海上生·新所茑屋书店一楼走廊

二楼的主题是"收获感性",展示设计、时尚、建筑、艺术、摄影、大型书籍和手工艺品。在空间设计上,二楼更加明亮、现代。咖啡区和酒吧区分别位于一楼和二楼(图 9-11)。一楼的咖啡区四周绿树成荫,让人感觉被公园的绿色包围。在二楼的观景台上,您可以边欣赏室外的风景边享用美食。

图 9-11　书店咖啡区

书店经常会有一些艺术展、日本手工艺品、全球限量文创、原创周边,读者在里面可以喝咖啡、享用美酒、听讲座……据《第一财经》报道,相比"卖书",茑屋书店更关注的是其品牌形象是否具有吸引力。当品牌成熟时,人们不需要去感受书店到底选择了什么书,提供了什么服务。只要他们看到"茑屋书店"这个四字招牌,他们就会主动进去喝杯咖啡或拍照。

技能要求

操作步骤：

(1) 打开软件，进入首页面（九大模块），使用右手手柄⑦（扳机键）的射线点击图书卖场设计的图标按钮，进入图书卖场设计模块（图9-12）。

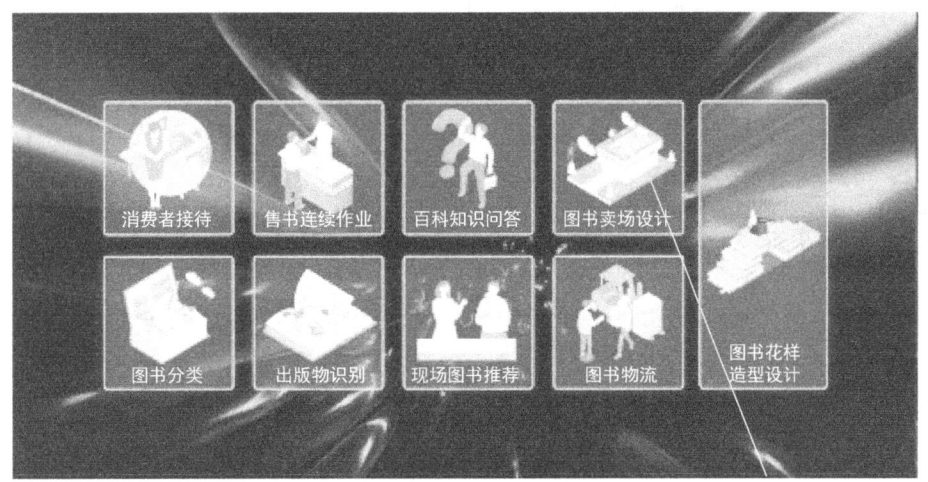

图9-12　图书卖场设计模块

(2) 场景选择，四大场景按钮，使用右手手柄⑦（扳机键）的射线点击其中一个图标按钮，进入相应场景中（图9-13）。

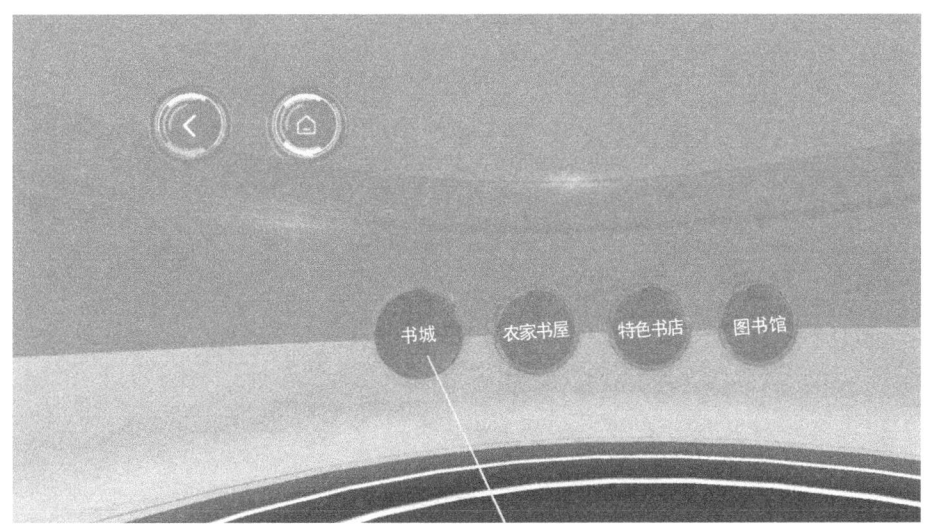

图9-13　选择场景

（3）使用右手手柄⑦（扳机键）的射线点击KT板按钮，手柄上出现KT板模型（图9-14），在适宜位置将KT板模型放置，使用右手手柄⑦（扳机键）的射线点击地面放下模型，点击旋转按钮，旋转模型；点击缩放按钮，缩放模型。

图9-14　KT板模型

（4）使用右手手柄⑦（扳机键）的射线点击易拉宝按钮，手柄上出现易拉宝模型（图9-15），在适宜位置将易拉宝模型放置，使用右手手柄⑦（扳机键）的射线点击地面放下模型，点击旋转按钮，旋转模型；点击缩放按钮，缩放模型。

图9-15　易拉宝模型

（5）使用右手手柄⑦（扳机键）的射线点击展板按钮，手柄上出现展板模型（图9-16），在适宜位置将展板模型放置，使用右手手柄⑦（扳机键）的射线点击地面放下模型，点击旋转按钮，旋转模型；点击缩放按钮，缩放模型。

图 9-16　展板模型

（6）使用右手手柄⑦（扳机键）的射线点击海报按钮，手柄上出现海报模型（图9-17），在适宜位置将海报模型放置，使用右手手柄⑦（扳机键）的射线点击地面放下模型，点击旋转按钮，旋转模型；点击缩放按钮，缩放模型。

图 9-17　海报模型

（7）使用右手手柄⑦（扳机键）的射线点击灯笼按钮，手柄上出现灯笼模型（图9-18），在适宜位置将灯笼模型放置，使用右手手柄⑦（扳机键）的射线点击地面放下模型，点击旋转按钮，旋转模型；点击缩放按钮，缩放模型。

图 9-18　灯笼模型

（8）使用右手手柄⑦（扳机键）的射线点击横幅按钮，手柄上出现横幅模型（图9-19），在适宜位置将横幅模型放置，使用右手手柄⑦（扳机键）的射线点击地面放下模型，点击旋转按钮，旋转模型；点击缩放按钮，缩放模型。

图 9-19　横幅模型

(9)使用右手手柄⑦（扳机键）的射线点击竖幅按钮，手柄上出现竖幅模型（图9-20），在适宜位置将竖幅模型放置，使用右手手柄⑦（扳机键）的射线点击地面放下模型，点击旋转按钮，旋转模型；点击缩放按钮，缩放模型。

图 9-20　竖幅模型

(10)使用右手手柄⑦（扳机键）的射线点击气球按钮，手柄上出现气球模型（图9-21），在适宜位置将气球模型放置，使用右手手柄⑦（扳机键）的射线点击地面放下模型，点击旋转按钮，旋转模型；点击缩放按钮，缩放模型。

图 9-21　气球模型

（11）完成卖场设计，使用右手手柄⑦（扳机键）的射线点击返回主界面按钮，返回主界面（图 9-22）。

图 9-22　返回主界面

章节测试

一、判断题

1. 店堂中最早接触顾客的部分是营业部分。（　　）

2. 橱窗的陈列展示会直接影响顾客的进店率和购买率。（　　）

3. 商品的陈列展示只要利用自然光源就足够了。（　　）

4. 活泼的音乐会让人兴奋，柔和的音乐会让人平静，悲伤的音乐会让人悲伤。（　　）

5. 苏州诚品书店的书柜面板保持 15 度倾斜，这样不方便读者拿书。（　　）

6. POP 看板通常放在店堂的入口处。（　　）

7. 流水台也叫陈列桌或陈列台，一般放在入口处或店堂的显眼位置。（　　）

8. 店铺的便利性和营业时间有关，因为不可能让每一位顾客都方便，所以可以不用考虑它。（　　）

9. 店内的背景音乐选择越动感的越好，可以让顾客感受到轻松、活泼的氛围。（　　）

10. 书店在设计光源的时候，要充分考虑白天、黑夜、自然光和人造光的差异，店内和店外的区别，合理地选择照明的形式和方法。（　　）

二、填空题

11. 店堂的构成有很多不同的分类方式，我们通常会依据营销管理的流程来划分。可以分为_____、_____、_____。

12. 店堂构成中的服务部分，主要包括_____、_____、_____、_____等部分。

13. 气味会直接影响到顾客的情绪，那香味刺激顾客的行为有_____、_____、_____、_____。

三、简答题

14. 简述店堂规划的基本条件。
15. 简述书店照明的作用。

第十章 图书仓储物流

图书仓储物流是图书流通的重要组成部分,它能存储保管、集散图书商品,衔接供需,为客户提供增值服务,防范市场风险。图书仓储物流活动包括图书从入库到出库之间的装卸、搬运、储存养护、包装、流通加工等一系列作业,本章将从图书入库、出库、在库管理以及仓储装卸搬运四个方面介绍图书仓储物流的相关知识和技能。

第一节 图书入库

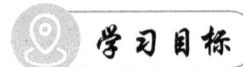

- 了解图书入库的过程
- 掌握图书入库检验内容和技能,并能处理检验过程中发现的问题
- 能够手工或者通过库存管理系统完成入库图书信息录入操作

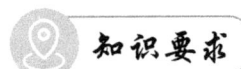

图书入库的整个过程包括入库准备、货物接运、入库检验、入库交接和货物上架。入库作业在仓储活动中非常重要,必须严格规范操作流程,否则容易造成图书订、实不符,账、实不符等问题,给后续商品管理和流通带来隐患,影响发行企业的经济效益和经营秩序。

一、图书入库准备

入库准备是指图书仓储部门根据入库单和入库计划,提前做好库场准备,以便新到图书货品按时入库,保证入库过程顺利进行。具体而言,包括以下几项准备活动。

（一）熟悉入库图书信息

仓库业务、管理人员应提前确认入库图书信息，掌握入库图书的书名、定价、出版机构、出版时间、版次、定价、数量、包装状态、单件体积、到库确切时间、保管的要求等，据以精确和妥善地进行库场安排、准备。

（二）掌握仓库库场情况

了解在图书入库和保管期间仓库的库容、设备、人员的变动情况，以便安排工作。

（三）制订仓储计划

仓库业务部门根据前期汇总的入库图书情况和仓库库容、设备、人员情况制订存储计划，并将工作任务下达到各相应的作业单位、管理部门，落实完成计划人员。

（四）仓库货位预留

仓库部门根据入库图书的数量、类别、重量，妥善安排验收场地，确定堆垛方法。此外，还应结合仓库分类保管的要求，核算货位大小，根据货位使用原则，预留货位。

（五）做好货位准备

仓库工作人员及时进行货位准备，做好货位清洁，清除残留物，必要时安排消毒除虫、除湿铺地。

（六）准备工具、设备

准备验收所需的点数、称重、开箱拆包、丈量、手持终端等工具设备。根据图书包件重量、数量以及货位等情况，确定装卸搬运设备和工具，保证作业效率。

（七）文件单证准备

仓库工作人员提前准备好图书入库所需的各种报表、单证等，如入库记录、理货检验单、记录卡、残损单，以备使用。

二、货物接运

货物接运的主要任务是及时而准确地向运输方提取入库图书。图书货品接运的方式大致有两种：到车站、码头提货和仓库内接货。

入库商品常须具备下列凭证：仓储部门接收商品的凭证，一般是入库通知单或订货合同副本；供货商提供的验收凭证，如发货清单；承运商提供的运输单证，包括送货通知单和登记货物残损情况的货运记录、运输交接单等。

在接运时应确认图书包装上的贴头信息与运单及其他入库凭证开列的信息是否一致，并要注意商品外观，查看包装、封印是否完好，有无污损、受潮、水渍、油渍等，若存在问题，则不可与送货人员办理交接手续。

同时也要注意图书到货时间是否与入库通知单或订货合同一致，如果发生图书逾期送到的情况，应该通知采购部门及时与供货商沟通处理。

三、入库检验

入库检验是在图书送到后，仓库工作人员根据收货凭证检查核对图书品种、数量等信息，同时根据订货标准或国家有关图书质量标准检查图书质量。

在凭证核对无误后，进行图书实物的检验，需要确认图书商品品种、数量是否与入库凭证相符，是否存在漏发、错发、少发、夹带等情况。同时检验到货图书印制质量是否符合国家相关规定，是否有残破、污损、风黄、受潮的问题。

发现图书数量问题，在和采购部门沟通后，进行以下处理：①对于漏发、少发的图书，可以让供货商补发，也可以减除漏发、少发的图书，按照实收数量结算；②对于错发、多发的图书，可以直接拒收或者补开采购单后接收。

对于质量不符合规定的图书，仓库工作人员要会同有关人员当场做出详细记录，交接双方应在记录上签字，通知采购部门及时联系供应商协商调换或退货。如果因为该批图书无法使用给我方造成了损失，还应当向责任方要求赔偿。

四、入库交接

入库图书在点数、查验之后，就可以与送货人办理交接手续。

交接手续是指仓库跟送货方确认收到的图书货品，表示已接收货物。办理完交接手续，意味着货物的保管责任转移到仓库。仓库工作人员与送货人或承运人应当共同在送货人带来的送货单、交接清单上签字，并保留好相应单据作为凭证。

五、信息录入

图书入库后，仓库管理部门应当准确详细地将图书供货单位、收货日期、订单或合同号、图书编码、出版者、书名、出版日期、作者、价格，以及应收、实收数量等详细信息记录在专门的卡片或者输入库存管理系统。仓库财务部门应同时建立反映图书仓储的明细账，登记图书入库、出库、结存的详细情况，用以记录库存图书动态和入出库过程。

六、图书上架

完成交接的图书货品一般会被搬运到暂存区堆码，在进行货位指派后，仓库工作人员再将图书堆放到存储区指定的货位上，也有部分图书会直接在暂存区完成拣选，进入下一步发货流程。出版物的暂存位置或货位编号一定要及时登记到卡片上或者录入库存管理系统，保证信息记录与实物位置相符。

第二节　图书出库

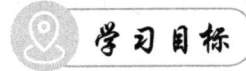

- 了解图书出库的过程

- 掌握图书拣配的方法和技能
- 理解发货复核的作用，并能熟练处理发货差错问题
- 掌握图书储运包装常用的包装材料，并能完成待运出版物打包

知识要求

图书出库是指仓库根据图书业务部门开出的出库凭证，按其所注明的图书品种、编码、规格、数量、收货单位等信息，进行的核单、拣配、复核、包装、点交发运等一系列作业过程。

一、核单

核单即审核商品的出库凭证。图书出库必须由业务部门的通知或请求驱动，不论在任何情况之下，仓库都不得擅自动用或者外借企业的库存商品。因此，在进行图书出库作业时一定要首先确认发货凭证的有效性，再核对凭证中图书品种、编号、发货数量、收货方等信息，为下一步拣选备货做准备。

二、拣配

拣配是按照发货清单上的图书品种、数量等信息，将货物从存储区拣选出来等待包装分发的过程。图书配货一般有两种方式，按图书品种拣配和按收货方拣配。前一种方式在操作时先将某一时段同一品种的图书发货数量汇总，按照汇总数量一次性全部拣出该种图书，并将其堆放到待发区域，等待后续分发。后一种方式将发给同一收货方的图书拣选后集中在一起配发。在收到多个客户的订单后，可以先按照需要的品种形成批量拣取，然后再根据不同的收货方或送货路线分类集中，分类完成后，经过查对、包装便可以出货了。

三、复核

拣选配货环节面临的图书品种、数量多，比较容易出现错发、漏发和重发等事故。为了降低商品出库的差错率，备货后应进行复核。复核人员要按照发货清单，对图书名称、编码、定价、数量、包数等一一核对。核对的内容包括：图书名称、版别、数量是否同出库单一致；图书的配套（配套光盘、磁带）是否齐全；外观质量和包装是否完好。如果发现错发、漏发和短发的情况，应及时按照仓库管理规定流程处理；破损出版物需要调换后再出库。

四、包装

包装是在物流过程中保护图书，方便储运，按一定技术方法采用容器、材料及辅助物等将图书包封并予以适当的标识的工作总称。

(一)图书包装材料

为了符合在途运输的要求,图书包装应当选用适当的包装材料。根据《中华人民共和国新闻出版行业标准:出版物运输包装材料基本要求(CY/T 57-2009)》(表10-1),常用的图书储运包装材料包括牛皮纸、纸塑复合材料、瓦楞纸箱和塑料打包带。在定量上,牛皮纸应为80克;纸塑复合材料外层为80克牛皮纸,内层为55～60克塑料编织布;塑料打包带则需要承受较大的拉力,不能轻易因为承重而拉伸变形或者断裂,捆扎图书的塑料打包带断裂拉力、断裂拉伸率和偏斜度需要达到一定的标准。

表10-1 图书储运包装用塑料打包带参数标准

指标名称	单位	规定		
		规格(宽度/厚度)/mm	一等品	合格品
断裂拉力	kN	11/0.55	≥1.10	≥1.00
		12/0.6(或0.8)	≥1.10	≥1.00
		13/0.6(或0.8)	≥1.20	≥1.10
		13.5/0.6(或0.8)	≥1.40	≥1.10
		15/0.6(或0.8)	≥1.40	≥1.20
		19/0.6(或0.8)	≥2.50	≥1.80
		22/0.6(或0.8)	≥3.50	≥2.50
断裂拉伸率	%	≤25		
偏斜度	mm	≤30		

(二)图书包件

使用纸质包装材料打包,首先将包装材料平铺;其次将图书平放在包装材料上,码正、放平、靠紧,用包装纸将图书包紧裹严,包装纸叠重合一般不少于10厘米;最后将包件两端的纸边折平压实,塑料打包带交叉成"井"字形将包件扎实绑牢。使用纸箱打包,装箱时应当将图书排列整齐,松紧适度,既不能空隙过大使图书能在纸箱里移动,又不能过紧,造成运输中破裂,装箱完成后同样需要封口并用打包带捆扎牢实。

打包好的包件重量和大小尺寸应便于装卸和搬运,包件必须完整、牢固,如有破损、潮湿、捆扎松散等不能保障运输中安全的,应加固整理,破包破箱不得出库。各类包装容器上若有水渍、油迹、污损,也均不能出库。

（三）包签（表 10-2）

图书包件打包完成后，要在每捆书的外包装上贴上发货包签，包签上应包含收货单位、到站、发货号、本批总件数、发货单位等信息。

表 10-2　出版物发货包签

发货单号	
商品名称	
到站	
发货人	
发货人证件	
发货人地址	
发货时间	
收货人姓名	
收货人证件	
收件人地址	
件序号	
收货日期	
备注	

五、点交或发运

出库图书经过复核和包装后，需要托运和送货的，将包件按照不同的送货方向在待运区分开堆码，等待移交调运机构。属于用户自提的，则由发货工作人员按出库凭证向提货人当面清点交接。仓储部门应该按照一车一证的方式向车辆签发出门证，以便门卫查验放行。

六、登账销卡

图书出库后，库存商品实物发生了变化，账目和相关库存档案也应当随之调整。仓储业务部门应当及时根据发货凭证从卡片上核减库存图书数量，财务部门则应当登记出版物出库流水，使库存物资重新趋于账、物、资金相符的状态。在通过库存管理系统进行信息管理的仓库，操作人员在拣货配货的过程中都要进行商品存储信息变动的录入，登账销卡工作伴随着图书实物移动同步进行。

第三节　图书在库管理

- 了解图书分类分区存储和堆码的要求
- 掌握图书盘点内容和实施技能，并能处理盘点过程中发现的问题
- 掌握保护在库图书的规范要求

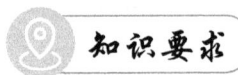

图书在库存储期间，仓储部门应当通过科学管理，安全、经济地保持图书原有的使用价值，防止因为保管过程中的过失引起图书损坏、流失等现象。同时通过合理的存储规划，提高仓储作业效率，降低物流成本。

一、分类分区存储

根据仓库条件和要实现的功能区分货区，如检验区、暂存区、存储区、检验复核区、待运区等，在不同的货区存放处于不同存储状态的出版物。所有用于存放图书的货位应当合理编制货位号，做到货位号标志明显。

在合理规划图书的存储货位时，有以下几个原则。

①单位体积大、单位重量大的货物靠下摆放。

②周转率高的货物应放在靠近出入口易于作业的货位。

③同一供应商或同一客户的货物尽量安排在临近的货位。

二、堆码和苫垫

图书堆码一般采用货架或者堆垛的方式。利用货架堆码的图书、图片平放，封面朝上，同一品种的出版物集中存放于相同货位，严格区分不同品种的出版物，防止混放，以便于查找、核对、配发。对于特殊用途的图书，应当以图书存储安全为前提，采用特殊码放方法保护，比如盲文书刊就应该竖立码放。

以堆垛方式堆码的图书高度一般不超过 2.5 米，采取上下交错压缝，以防倾斜，最好可以使用拉伸薄膜缠绕机对堆垛进行拉伸包装，防止图书或包件从堆垛高处掉落，导致图书损坏，甚至引发安全事故。

地面潮湿、阳光及雨雪对图书的质量影响都很大，因此要切实做好货垛下垫隔潮工作和货垛的遮苫工作。堆垛图书不能直接堆码在地上，应当在书垛底部加放垫板，垛底四角打保护角，确保码放稳固。为了方便图书搬运，可以将书垛置于托盘上存放。

> 知识链接

货物堆码的"五距"

1. 顶距

含义：指堆货的顶面与仓库屋顶平面之间的距离。

要求：一般的平顶楼房，顶距为 50 厘米以上；人字形屋顶，堆货顶面以不超过横梁为准。

2. 墙距

含义：指墙壁与堆货之间的距离。墙距又分外墙距与内墙距。

要求：一般外墙距在 50 厘米以上，内墙距在 30 厘米以上。物品摆放距离窗户、墙面、暖气、消防器材 0.5 米到 1 米的距离，便于维护。

作用：以便通风散潮和防火，一旦发生火灾，可供消防人员出入。

3. 柱距

含义：指货堆与屋柱的距离。

要求：一般为 10～20 厘米。

作用：柱距的作用是防止柱散发的潮气使商品受潮，并保护柱脚，以免损坏建筑物。

4. 灯距

含义：指仓库内固定的照明灯与商品之间的距离。

要求：灯距不应小于 50 厘米。

作用：防止照明灯过于接近商品（灯光产生热量）而发生火灾。

5. 堆距

含义：指货堆与货堆之间的距离。

要求：通常为 1 米，每列托盘之间距离 0.15 米。

作用：堆距的作用是使货堆与货堆之间，间隔清楚，防止混淆，便于摆放和卸载，也便于通风检查，一旦发生火灾，还便于抢救，疏散物资。

三、盘点

出版物盘点是在一定时期内对库存出版物实物与账卡之间在数量上的核对。

（一）出版物盘点方式

盘点方式通常有两种：一种是定期盘点；另一种是临时盘点。

定期盘点一般是指每季、半年或年终财务结算前，由业务部门派人会同仓库保管员、会计人员一起进行全面的盘点对账。

临时盘点一般是当仓库发生出版物缺失事故，或保管员更换，或仓库与业务部门认为有必要进行盘点时，可根据具体情况，组织一次局部性或全面的盘点。

（二）盘点前的准备

为保证出版物盘存迅速、准确，必须做好以下几个方面的准备工作：（1）定期截止实物流与票证流，出版物盘存要有一个绝对的时间界限，即盘点出截至某一日期为止的实际库存数和账面应存数。（2）整卡结账，商品账除记全、准外，还要注意"在途出版物"账及"应付货款"账核对。（3）库存出版物归类、归堆，以便清点快而准。

（三）盘点实施

盘存人员按照货位对划分区域内的图书进行逐品种的清点，记录清单号、货位信息、出版物编号，准确核实并录入图书实存数量，确认实存码洋。对于盘存数和账面数不符的出版物，要做好记录。盘存结束后，全面核对盘存汇总数，列出实盘数与账面数的差异清单，进行复核，逐一分析查找原因，解决问题。盘存清单和复核清单都要进行归档，盘存的结果报财务部门。

（四）处理

对库存物品盘点中出现的盈亏，必须及时做出处理。

凡是盘盈、盘亏的数额不超出国家主管部门规定或合同约定的保管损耗标准的，可由企业核销；对超出损耗标准的，则必须查明原因，做出分析，写出报告，承担责任；根据处理结果，应及时调整账、卡数额，使账、实物、卡数额保持一致。

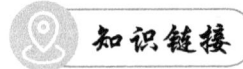

出版物分年核价

出版机构在年终盘点过程中，针对库存出版物，往往有一项重要的工作同时进行，图书分年核价。出版企业在经营活动中，难免形成一定的滞销书，通过核价可以准确地进行存货计值。所谓分年核价是按出版物出版（印刷）年度分年提取提成差价。

1. 纸质图书

分三年提取，当年出版的不提；前一年出版的，按年末库存图书总定价提取10%～20%；前两年出版的，按年末库存图书总定价提取20%～30%；前三年及三年以上的，按年末库存图书总定价提取30%～40%。

2. 纸质期刊（包括年鉴）和挂历、年画

当年出版的，按年末库存实际成本提取。

3. 音像制品、电子出版物和投影片（含缩微制品）

按年末库存实际成本的10%～30%提取，如遇上述出版物升级，升级后的原有出版物仍有市场的，保留该出版物库存实际成本10%；升级后的原有出版物已无市场的，全部报废。

提成差价累计提取不得超过实际成本。分年核价可促进滞销书的推销，又能提供各类存书结构的信息，分析存书构成，进行信息反馈，发现问题，研究制定措施，促进经营管理。

四、在库图书保护

进行在库图书保护应该形成必要的制度，做到防患于未然，在库图书的保护有以下几项重点工作。

①控制库房的温度、湿度。适当采取密封、通风、吸潮和其他控制调节温度与湿度的办法。具体做法可以把出版物用纸张、纸箱或塑料薄膜按标准包装规格密封起来，以隔绝外界湿空气的影响；也可以采取通风措施，使库内外空气对流，利用自然风降湿、减潮；还可以用吸湿剂或除湿机去湿。

②保持库房清洁卫生，做好防虫、防鼠工作。仓储部门的餐饮区域要远离库房。定期对仓库内外进行杀虫灭鼠，防止虫蚁滋生，严防虫蛀、鼠咬，破坏库存图书。

③严格执行操作规程，防止各种人为的损失。严格明确岗位职责，加强员工规范操作的宣传与管理，避免由于野蛮操作、随意拿放、保管不善，造成图书损坏、污损和丢失。

五、ABC 重点管理

一般来说，企业的存货品种较多，出版发行企业更是如此，不同品种的图书需求量和单价各不相同，年占用金额也不同。有些存货在整个库存存货中的品种和数量都占了很大比例，但价值在全部存货中所占的比重反而小，而有些存货则恰恰相反。如果采用平均控制的办法，既不经济也不够科学。所以，对于占用企业资金金额大的库存品，应该特别重视，严谨管理；而占用资金不大的存货，进行一般控制即可。ABC 分析法就是在此基础上产生的，通过分析，将"关键的少数"找出来，并确定与之适应的管理方法。

ABC 分析法根据库存产品占用企业资金金额的大小，把产品划分为 A、B、C 三类，分别实行重点控制、一般控制和简单控制。其中，A 类存货占用金额达到总库存金额的 60% ～ 80%，而品种数只占总库存品种数的 5% ～ 15%；B 类存货占用金额达到总库存金额的 20% ～ 30%，品种数占总库存品种数的 20% ～ 30%；C 类存货占用金额达到总库存金额的 5% ～ 15%，品种数则占总库存品种数的 60% ～ 80%。针对这三种不同的存货分类，在库存管理中应采用不同的管理方法。

A 类存货虽然库存量少，但占用资金额大，应该作为库存管理的重点严格管理。对这类存货应保证库存记录完整、存盘制度完善，存货的收、发、结存情况都能即时反映，严格控制库存水平。

B 类存货属于一般品种，管理介于 A 类与 C 类之间，不必像 A 类那样严格，以避免耗费过多物力、财力及人力，通常可以将若干 B 类货品合并订购。

C类存货虽然品目数多，但占用资金额少，管理办法简单。无须专门计算存货量，可以视具体情况规定存货量上下限，实行简单控制。

第四节　仓储装卸搬运

 学习目标

- 了解装卸搬运活动的定义和常用工具设备
- 掌握实现装卸搬运合理化的措施

 知识要求

装卸是指物品在指定的地点以人力或机械装入运输设备或卸下的过程；搬运是指在同一场所内，对物品以水平移动为主的物流作业。在图书仓储物流活动中，装卸搬运出现的频度高、作业复杂、费用占比大，是重要的衔接性和保障性工作。

一、装卸搬运工具

（一）手推台车（图 10-1）

图 10-1　手推台车

手推台车是一种以人力为主的搬运车。回转半径小、轻巧灵活、易操作，是短距离、运输轻小物品的一种方便而经济的搬运工具，在图书拣选配货过程中常常会被使用。

（二）输送机（图10-2）

输送机是对图书进行连续运送的机械设备，其主要特点是连续作业，搬运成本低，劳动效率高，在图书配送中心和仓库被广泛应用于收货入库和发货出库作业。

图10-2　输送机

（三）叉车（图10-3）

叉车是一种具有各种叉具，能够对出版物进行升降、移动、装卸作业的搬运车辆，具有装卸和搬运双重功能。它常用于搬运托盘出版物，是出版物装卸搬运作业使用最普遍的一种机械化设备。

图10-3　叉车

（四）自动引导车（图10-4）

自动引导车（Automatic Guided Vehicle，AGV），是一种以电池为动力的装有非接触导向装置的无人驾驶自动化搬运车辆。这一运输装载工具可以通过特定的导航系统在归档的场地按照设置的路线完成货物的搬运，目前在大型电商物流领域运用较多。

图 10-4　自动引导设备

（五）堆垛机（图 10-5）

堆垛机是立体仓库中最重要的运输设备，是代表立体仓库特征的标志。其主要用途是在立体仓库的通道内运行，将位于巷道口的货物存入货架，或将货架中的货物取出，运送到巷道口。出版物装卸搬运作业中常用到巷道堆垛机，其可适用于各种高度的高层货架仓库，可以实现半自动、自动和远距离集中控制。

图 10-5　堆垛机

二、装卸搬运合理化

在整个图书仓储物流系统中装卸搬运出现的频率高，花费的时间长，消耗的人力多，因此，高效合理的装卸搬运是降低仓储劳动消耗和物流成本的一个关键环节。装卸搬运合理化组织的要点主要有以下几个方面。

(一）防止和消除无效装卸搬运

造成无效装卸搬运的原因主要有过多的装卸搬运次数、无效货物的装卸搬运和过度包装。通过科学设计图书入库上架、出库拣选流程，根据图书的自身品种、周转率等特征来指派合适的储位，对于图书包装进行标准化、规范化管理，能够最大限度防止无效的装卸搬运作业。

（二）选择最佳搬运路线

搬运路线分为直达型、渠道型和中心型。

1. 直达型

将图书直接从起点运到终点，这种路线距离是最短的。适用于单品种图书物流量大，距离短或者中等时，尤其当图书有一定的特殊性而时间又较紧迫时更为有利。

2. 渠道型

一些图书在预定路线上移动，同来自不同地点的其他图书一起运到同一个终点。适用于物流量为中等或少量而距离为中等或较长时，尤其当图书不规则分散存储时更为有利。

3. 中心型

各种图书从起点移动到一个中心分拣处或分拨地，然后再运往终点。适用于物流量小而距离中等或较远时，尤其当场所外形基本上是方整的且管理水平较高时更为有利。

（三）充分利用重力和消除重力影响，进行少消耗的装卸

在装卸时考虑重力因素，可以利用货物本身的重量，进行有一定落差的装卸，以减少或根本不消耗装卸的动力，这是合理化装卸的重要方式。例如，从卡车、铁路货车卸物时，利用卡车与地面或小搬运车之间的高度差，使用溜槽、溜板之类的简单工具，可以依靠货物本身重量，从高处自动滑到低处，这就无须消耗动力。如果采用吊车、叉车将货物从高处卸到低处其动力消耗虽比从低处装到高处小，但是仍需消耗动力，两者比较，利用重力进行无动力消耗的装卸显然是合理的。

在装卸时尽量消除或削弱重力的影响，也会求得减轻体力劳动及其他劳动消耗的合理性。例如，在进行两种运输工具的换装时，可以采取落地装卸方式，即将货物从甲工具卸下并放到地上，一定时间之后，或搬运一定距离之后再从地上装到乙工具之上，这样在"装"时将货物举高，就必须消耗改变位能的动力。如果进行适当安排，将甲、乙两工具进行靠接，从而使货物平移，从甲工具转移到乙工具上，这就能有效消除重力影响，实现合理化。

在人力装卸时，一装一卸是爆发力，而搬运一段距离，这种负重行走，要持续抵抗重力的影响，同时还要行进，因而体力消耗很大，也是出现疲劳的环节。所以，人力装卸时如果能配合简单机具，做到"持物不步行"，则可以大大减轻劳动量，做到

合理化。

(四)提高出版物的装卸搬运活性

装卸搬运活性的含义是,从物的静止状态转变为装卸搬运运动状态的难易程度。如果很容易转变为下一步的装卸搬运而不需过多做装卸搬运前的准备工作,则活性就高;如果难于转变为下一步的装卸搬运,则活性低。为了对活性有所区别,并能有计划地提出活性要求,使每一步装卸搬运都能按一定活性要求进行操作,对于不同放置状态的货物做了不同的活性规定,这就是"活性指数",分为0~4共5个等级。

如表10-3所示,散乱堆放在地面上的货物,必须要经过集中、搬起、支承几项活动才能进入下一步装卸搬运环节,这种全无预先处置的散堆状态,装卸搬运活性最低,定为"0"级活性;而货物直接预置在动力车辆或传送带上,即刻进入运动状态,不需做任何预先准备,活性最高,定为"4"级。在这两者之间,还有货物包装或捆扎好、货物包件置于托盘上和货物置于无动力中间工具上三个中间状态,其装卸搬运活性对应为1~3。一般而言,货物的活性级别越高越好,在条件许可的情况下,尽量使在库图书处于活性级别较高的状态。

表10-3 装卸搬运活性分类

物品状态	作业种类				需要作业数目	搬运活性指数
	集中	搬起	支承	运走		
地上散放	要	要	要	要	4	0
集装箱中	否	要	要	要	3	1
托盘上	否	否	要	要	2	2
车中	否	否	否	要	1	3
输送机上	否	否	否	否	0	4

(五)利用机械化作业,实现规模装卸

规模效益早已是大家所接受的,在装卸搬运时也存在规模效益问题。主要表现在一次装卸量或连续装卸量要达到充分发挥机械最优效率的水准。为了更多地降低单位装卸工作量的成本,对装卸机械来讲,也有规模问题,装卸机械的能力达到一定规模,才会有最优效果。

大力推行使用托盘和集装箱,推行将一定数量的货物汇集起来,成为一个大件货物,以有利于机械搬运、运输、保管,形成单元货载系统。

(六)合理选择作业方式

在装卸搬运过程中,应当根据图书或包件的形状、数量、重量来合理确定装卸搬运方式,合理分解装卸搬运活动,采用信息化的管理方法和手段,运用智能化作业方法,实现装卸搬运的高效与科学。

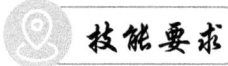

操作步骤:

(1)打开软件,进入首页面(九大模块),使用右手手柄⑦(扳机键)的射线点击图书物流的图标按钮,进入图书物流模块(图10-6)。

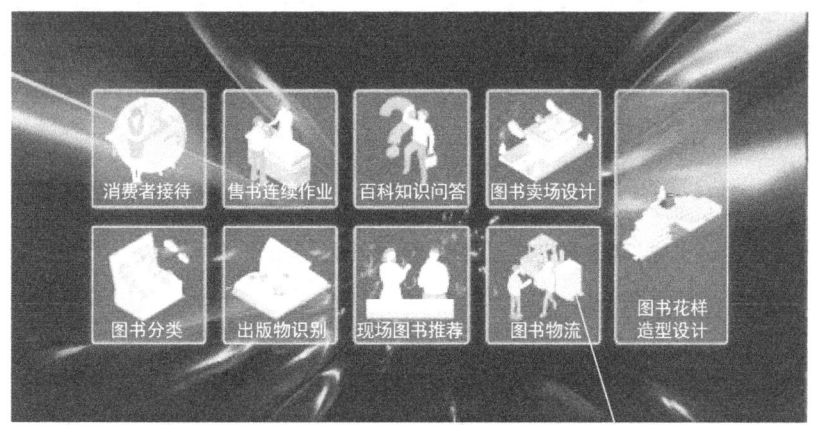

图10-6　图书物流模块

(2)使用右手手柄⑦(扳机键)的射线点击步骤一卸货按钮,播放卸货动画(图10-7)。

图10-7　播放卸货动画

（3）使用右手手柄⑦（扳机键）的射线点击步骤二交接按钮，播放交接动画（图10-8）。

图 10-8　播放交接动画

（4）使用右手手柄⑦（扳机键）的射线点击步骤三拆包按钮，播放拆包动画（图10-9）。

图 10-9　播放拆包动画

（5）使用右手手柄⑦（扳机键）的射线点击步骤四打包按钮，播放打包动画（图10-10）。

图 10-10　播放打包动画

（6）完成图书物流动画学习后，使用右手手柄⑦（扳机键）的射线点击再返回主界面按钮，返回主界面（图 10-11）。

图 10-11　返回主界面

章节测试

一、判断题

1. 图书的仓储物流活动是进行图书保管存储的静态活动。（　　）

2. 在进行入库图书质量检验时，应当根据订货协议或者国家有关规定查验图书的印制质量和内容质量。（　　）

3. 在图书入库后，仓库的业务部门和财务部门都应当及时记录入库图书的相关信息。（　　）

4. 在收到多个客户的订单后，可以综合运用按品种拣配和按收货方拣配的方法，拣选配货完成后就可以包装出货了。（　　）

5. 复核是降低图书发货差错率，保证发货质量的重要举措。（　　）

6. 为了防止图书包件在运输过程中散开，打包时捆扎得越紧越好。（　　）

7. 在进行库存盘点时需要确定盘存时间，并锁定相应时间点的实物流和现金流。（　　）

8. 人为的野蛮操作、随意拿放、操作不当等行为，会造成在库图书的损坏、脏污，因此，进行在库图书管理需要完善管理制度，严格规范岗位责任和操作规范。（　　）

9. 为了使码垛更加稳固，图书堆垛时应当尽量紧贴仓库内墙墙壁。（　　）

10. 虽然装卸搬运在仓储物流活动中出现的频度不高，但是作业复杂，其成本占比较高。（　　）

11. 在进行两种运输工具的换装时，通过适当安排，将甲、乙两工具进行靠接，从而使货物平移，就能有效消除重力影响，实现装卸搬运合理化。（　　）

12. 当图书不规则分散存储时使用直达型搬运方式更为有利。（　　）

二、单项选择题

13. 仓库工作人员在对入库图书进行点数、查验无误后，下一步应当（　　）。

　　A.核对接收、验收和运输凭证　　　B.与送货人员办理交接手续

　　C.进行入库图书信息录入　　　　　D.将入库图书上架存储

14. 以下针对图书验收质量不合格情况的处理，错误的是（　　）。

　　A.仓储部门工作人员要当场做出详细记录，交接双方在记录上签字

　　B.仓储部门工作人员不能签收检验质量不合格的图书

　　C.仓储部门应当拒收不合格图书，并且做退货处理

　　D.我方因为到货质量不合格遭受的损失，可以向有关责任方要求赔偿

15. 下列属于仓储部门准备的图书验收凭证的是（　　）。

　　A.入库通知单　　B.发货清单　　C.送货通知单　　D.运输交接单

16. 按照发货清单上的图书品种、数量等信息，将货物从存储区拣选出来等待包装分发的过程是（　　）。

　　A.核单　　　　　B.拣配　　　　C.配送　　　　　D.移仓

17. 在包装待运图书时应当用包装纸将图书包紧裹严，包装纸叠边重合出一般不少于（　　）厘米。

　　A.1　　　　　　B.2　　　　　　C.10　　　　　　D.20

18. 以下关于图书发货过程的几项活动顺序的列举,正确的是（　　）。

　　A. 核单、复核、拣配、包装　　　　B. 拣配、核单、复核、包装

　　C. 拣配、核单、包装、复核　　　　D. 核单、拣配、复核、包装

19. 为防止照明灯过于接近商品而发生火灾,仓库内固定的照明灯与商品之间的距离应不少于（　　）。

　　A.50 厘米　　　B.30 厘米　　　C.20 厘米　　　D.10 厘米

20. 以下针对盘存的说法,错误的是（　　）。

　　A. 对库存物品盘点中出现的盈亏,必须及时做出处理

　　B. 企业可以直接对盘存出现的所有盈亏进行核销

　　C. 根据处理结果,应及时调整账、卡数额,使账、实物、卡数额保持一致

　　D. 对于盘存数和账面数不符的图书,要做好记录并复核

21. 前一年出版的图书,在进行分年核价时,按年末库存图书总定价提取（　　）。

　　A.50%　　　B.20%～30%　　　C.10%～20%　　　D.5%～10%

22. 可以通过特定的导航系统在归档的场地按照设置的路线完成货物的搬运设备是（　　）。

　　A. 手推车　　　B. 自动引导车　　　C. 自动输送机　　　D. 自动堆垛机

23. 物品的以下几种存放状态中,装卸搬运活性最低的是（　　）。

　　A. 包件堆垛在地上　　　　B. 包件堆垛在托盘上

　　C. 包件置于手推车上　　　D. 包件置于传输机上

24. 一次装卸量或连续装卸量要达到充分发挥机械最优效率的水准,应当做到（　　）。

　　A. 选择最佳搬运路线　　　B. 提升装卸搬运活性

　　C. 选择合理作业方式　　　D. 实现规模装卸搬运

三、多项选择题

25. 下列属于仓储部门图书入库准备活动的是（　　）。

　　A. 提前确认即将入库图书的品种、数量、定价、到货时间等信息

　　B. 进行货位准备,做好货位清洁、消毒除虫、除湿等工作

　　C. 准备图书验收和装卸搬运需要的工具设备

　　D. 提前准备好图书入库单证、运输单证等

26. 货物接运的方式主要有（　　）。

　　A. 第三方接运　　　　B. 车站、码头提货

　　C. 仓库内接收　　　　D. 验收后接运

27. 下列有关图书入库验收的说法正确的有（　　）。

　　A. 进行数量、品种查验的依据是相关图书入库凭证

B. 发现多发的图书，仓储部门可以先接收，做好记录后通知采购部门

C. 对于少发的图书，仓储部门可以联系采购部门与供应商协商补发

D. 对于错发的图书，仓储部门可以联系采购部门与供应商协商调换

28. 在图书发货过程中，复核的内容有（　　）。

    A. 图书名称、版别、数量是否同出库单一致

    B. 图书的配套是否齐全

    C. 外观质量和包装是否完好

    D. 出库单是否真实有效

29. 常用的图书储运包装材料有（　　）。

    A. 牛皮纸　　　　　　　　　　B. 塑料箱

    C. 纸塑复合材料　　　　　　　D. 瓦楞纸箱

30. 下列关于图书发货的说法，正确的有（　　）。

    A. 图书本身有污损不能发货，包装材料上有污损不影响图书出库

    B. 图书出库后，库存商品实物发生了变化，账目和相关库存档案也应当随之调整

    C. 常用于图书储运包装的纸塑复合材料外层为80克牛皮纸，内层为80克塑料编织布

    D. 图书发货包签上无须记录图书的码洋信息

31. 合理利用储位的一般原则有（　　）。

    A. 单位体积大、单位重量大的货物靠下摆放

    B. 周转率高的货位靠里摆放

    C. 同一供应商的货物就近摆放

    D. 同一客户的货物就近摆放

32. 在库图书盘点的方式主要有（　　）。

    A. 随机盘点　　　B. 定期盘点　　　C. 临时盘点　　　D. 出库盘点

33. 以下属于在库图书保护的主要措施是（　　）。

    A. 控制库房的温度、湿度　　　　B. 保持库房清洁卫生

    C. 严格执行操作规程　　　　　　D. 对图书进行分类分区存储

34. 搬运路线分为（　　）。

    A. 直达型　　　B. 渠道型　　　C. 随机型　　　D. 中心型

35. 在装卸搬运时，可以用来利用重力或者削弱重力影响的设施有（　　）。

    A. 溜板　　　B. 升降货台　　　C. 叉车　　　D. 液压堆高机

36. 下列关于装卸搬运的说法，错误的有（　　）。

　　A. 搬运一般是在同一场所内，对物品进行水平和垂直移动的物流作业

　　B. 货物从静止状态转变为装卸搬运运动状态的难度越大，则装卸搬运活性越高

　　C. 大力推行使用托盘和集装箱，有利于实现规模装卸

　　D. 过度包装会带来无效的装卸搬运作业